叔本华系列

叔本华文化散论

[德] 叔本华　著

Arthur Schopenhauer

韦启昌　译

上海人民出版社

译者序

《叔本华文化散论》中的文章选自德国哲学家阿图尔·叔本华（1788—1860）的《附录和补遗》和《作为意欲和表象的世界》第 2 卷。书中讨论了多个题材，从法律、政治、心理学、艺术、宗教、神话等方面阐述了他的基本思想。这些思想是叔本华哲学体系的一部分，与之浑然一体。

叔本华思考问题的眼光透彻，能把握问题的深刻本质。他形容自己的作品是一座有中心点和多个出入口的迷宫：无论从哪一个入口进去，都会抵达其中心，并能在这里面四通八达。他在众多的表面现象中总能看到、接收到个中隐藏很深的真实和本质信息。例如，在"论肯定生存意欲"中，他就人们对性行为及性器官都有的羞耻心给出了非常深入的解释。类似这方面的洞察让心理学大师弗洛伊德这样评论："关于人的无意识内心活动的假设和思想对科学和生活意味着多么重大的影响——对此很少人是清楚的。但我们必须赶紧补充这一点：并不是精神分析学派首先迈出了这一大步。著名的哲学家是这方面的先行者，尤其是伟大的思想家叔本华——他的无意识的意欲就几乎等同于精神分析学的心理欲望和内驱力。另外，这个思想家用印象深刻、令人难忘的语言提醒人们注意到性的欲望所具有的、一直以来受到人们低估的含义。"

要完整地了解叔本华的思想，只有细读他的著作，舍此别无他途，因为叔本华已经用最简练、最精准的文字表达了他最独特、最深刻和最有价值的思想。阅读叔本华的作品，可以从你感兴趣的某一篇文章开始，不管其讨论的对象是什么，这个"入口"都会通往叔本华最有价值的思想中心和基本思想，与其所阐述的大自然的其他方面相联系。假如某些读者仍然坚持要先读上三言两语的"介绍"，以大概了解一下叔本华哲学的基本特点，无论内容还是文字，那最好的"捷径"——如果真还有这样的"捷径"的话——并不是他人对叔本华哲学这样或者那样的评价，而是叔本华对他自己哲学的概括。他说：

很少有某一哲学体系像我的哲学那样简朴和由为数不多的元素组成，因此可以很容易地统揽和把握。这归根到底因为其基本思想是完美一体和协调的。并且，这也是真理的很好标志，因为真理的确是与简朴相关的："谁要是有真理要说出来，那他就会言简意赅。"（欧里庇得斯语）"简朴是真理的印记。"

我的哲学议论的特色就是要对事情一究到底，因为我不穷追到最终的现实根由是不会罢休的。这是我的天性所致，让我满足于某些泛泛的、抽象的，因此是不确定的知识，或满足于纯粹只是概念，甚至只是字词，对我是几乎不可能的。受这种天性的驱使，我会深究至所有概念和命题的最终基础，直到这些永远是直观的东西赤裸裸呈现在我的眼前为止。然后，我就要么以这些作为所要审视的最原初的现象，要么如果可能的话，就把这些原初现象分解为基本组成部分，但不管怎么样，我都最大限度地追求事情的本质。因此，将来有朝一日（当然不是现在，不是在我还活着的时候）人们就会发现，我之前的随便一位哲学家在处理同样的对象物时，一旦与我相比都会显得肤浅。因此，人类从我这学到了很多永远也不会忘记的东西，我的著作永远不会湮没。

我的哲学并没有妄称从这世界存在的最终原因解释了这世界；相反，我的哲学只停留在每个人都接触到的外在和内在经验事实，说明了这些事实之间真正的和最深的关联，但却又不会真的超越这些事实而说起某些外在世界的事情及其与这世界的关系。因此，我的哲学不会对超然于所有可能的经验之外的事情得出结论，而只是对在外在世界和自我意识中已有、已知的东西给予解释；因而也就是满足于根据这世界与其自身的内在关联而理解这一世界。所以，我的哲学是康德意义上的内在的、固有的（在经验和知识范围之内）。

叔本华也是世界上最富有独创性和最值得阅读的散文家之一，没有哪一个哲学家的作品，能像他的作品那样打动和影响了许多作家和音乐家，如托尔斯泰、屠格涅夫、左拉、普鲁斯特、艾略特、博尔赫斯、瓦格纳等。尼采说，在读完叔本华著作的第一页以后，我就很清楚地知道，我要把他写的所有文字都读完为止；他说得每一个词我都要听。

需要说明的是，我翻译的这些文章选自德国莱比锡 Insel 出版社 1920 年版《叔本华总集》5 卷本（Sämmtliche Werke in fünf Bänden）中第 2 卷和第 4 卷，由 Hans Henning 编辑。在翻译原书中的拉丁文、希腊文、意大利文、西班牙文的引文时，我参考了德国 Suhrkamp 袖珍书出版社的《叔本华全集》第 4 卷对这些引文所附的德文译文；而原书中的英文和法文的引文，是我直接翻译的。

韦启昌

2020 年 7 月 18 日于澳大利亚悉尼

目录

梵文文学散论

183

　　尽管我相当崇敬梵文的宗教和哲学著作，但对梵文诗歌作品却很少感受到愉悦，有时候在我看来，那些诗歌甚至是缺乏趣味和怪异的，一如这些人所创作的雕塑作品。就算是那些戏剧作品，我欣赏它们也主要是因为它包含的对那些宗教信仰和风尚礼俗相当有启发性的说明和例证。这可能是因为就其本质而言，诗歌是无法翻译的。因为在那些诗歌中，思想和字词是那样紧密、牢固地相互生成在了一起，就像"子宫的部分和胎盘中的婴儿"，以致人们不可以在不损害意思的情况下以外国的语言替代它。虽然一切节拍和韵脚从一开始就是思想与语言之间的妥协，但这种妥协就其本质而言，也只有在思想的母语土壤中才得以进行，而不能在人们要把这诗歌移植到那种外国语言中实施，也绝对不能在翻译者那一般都是贫瘠的头脑中进行！总的来说，一个诗人才思自由泉涌，在出现的时候已是自动和直觉地带着节拍和韵律，而翻译者那呕心沥血、绞尽脑汁、冷冰冰地计算和数着音节和苦觅韵脚——两者对比，是怎样的一种反差？再者，现在欧洲并不乏直接向我们发话的诗歌，但正确的形而上观点则相当缺乏，所以，我的意见是梵文翻译者应少把精力投放到诗歌中去，而更多地翻译《吠陀》《奥义书》和哲学著作。

184

当考虑到就算有最好的和精心培养出来的教师的帮助，以及在多个世纪中备好的哲学辅助工具，要对希腊和罗马的作家有一种真正精确、活生生的理解，仍是多么的困难，而他们的语言却是我们在欧洲的先行者的语言，是现在仍然活着的语言的母亲；相比之下，梵文却是千年前在遥远的印度所说的语言，要学习这一语言的手段相对而言是相当不完善的；再加上考虑到欧洲学者从梵文翻译过来的作品（只有极少数除外）留给我的印象——我就产生了怀疑：我们的梵文学者在理解原文时，并不比我们学校的 6 和 7 年级学生所理解的希腊作品要好；但因为这些学者并不是男孩，而是有知识和理解力的男人，从其所真正理解的、在总体上也大概凑合出个中的含义，在这过程中当然就会因疏忽而出现各人各自理解的东西。欧洲的汉学家翻译的中国作品则要拙劣得多，因为那些东西经常完全让人不知所云。当我们看到就算是这些人当中最缜密细致的，也在相互之间纠正和证明对方离谱的错处，我们对上述就更是确信无疑了。这方面的例子大家可在阿贝尔·雷姆萨的《法显印度游记》中经常找到。

在另一方面，考虑到穆罕默德·达拉斯科苏丹（奥兰泽布的兄弟）在印度出生和成长，是个有学问、有思想和追求知识的人，亦即大概懂得他的梵文就像我们懂得我们的拉丁文；除此之外，还有一些至为博学的大师与其一起合作——这些让我预先就对他翻译的《吠陀》和《奥义书》波斯语本有了敬重。此外，当我看到杜伯龙如何怀着深深的、与此相匹配的敬畏应用此波斯语译本，把它一字一字地重现在拉丁语里面，在这过程中，尽管受制于拉丁语的语法也把波斯语的句法精确地保留了下来，宁愿让苏丹没有翻译而直接将梵文字词搬过来维持不变，只是在另外的难解字词汇编中解释——我读起这一译本的时候是完全信任的。这种信任马上就经受住了让人高兴的检验。这是因为这本拉丁文《奥义书》从头到尾都散发出《吠陀》的神圣精神！认真阅读并深谙这部波斯文—拉丁文本的无与伦比的书，从最内在的深处受到了怎样的触动！每一行字都饱含着扎实、确切和完全协调一致的意思！在每一页都可读到深邃、原初、高贵的思想，而整本著作都散发着一种高级和神圣的认真气质。一切都呼吸着印度的空气和原初的、接近自然的存在。啊，在此，人的思想头脑会受到洗涤，一切在这之前被灌输的犹太迷信和一切为此服务的哲学也会被清除干净！这样的阅读（阅读原文除外）可是这世界上可能有的最有益处和最能提升我们的：那是我出生时的安慰，也将是我死时的安慰。至于对拉丁文本《奥义书》的真实性的一些怀疑，我推荐大家阅读我的《伦理学的两个基本问题》第271页注释。

那么，把这本著作与欧洲那些神圣的印度文献或者印度哲学的译本相比较，后者（除了极少数的例外，例如，除了舒莱格尔翻译的《薄伽梵歌》和科尔布鲁克翻译的《吠陀》的一些段落）就给了我相反的印象。那些译本所译出的套句，意思空泛、抽象，经常是摇摆不定和不确定的，其连贯性也是松散的。我所得到的只是原文思想的模糊轮廓，其中夹杂的补丁可让我注意到某种异样的东西。互相矛盾之处交错出现。一切都是现代的、空洞、乏味、肤浅、缺乏深意和西方式的，被欧洲化了、英国化了、法兰西化了和（最可怕的）德国样的云山雾罩化了，亦即给出的不是清晰、明确的意思，而纯粹只是大而空的字词。例如，《印度百科全书》（第41，加尔各答，1853）有最新的罗尔的译本，人们从这里面可以读出德国味道，即作为德国人，罗尔已经习惯了写出套句，而又让读者以此想出些清晰和明确的东西。人们在这些句子当中也太过频繁地察觉到了"犹太气味"。所有这些都削弱了我对这些译本的信心，尤其当我考虑到那些译者是把从事研究作为饭碗，而那高贵的安格提·杜伯龙完成作品却不是追求自己的利益，而是出于对知识和学问的热爱；以及达拉斯科苏丹所得到的奖励却是被他的国王兄弟奥兰泽布"为了主的荣光"而砍下了头颅。我确信：至今为止，要获得《奥义书》的真正知识，因此就是要获得《吠陀》的真正和神秘的教义，唯有透过这拉丁文的《奥义书》；其他的译本我们可能读过，但却感觉不到点点《奥义书》的真正知识。看上去，达拉斯科苏丹也比英国学者掌握了好得多和完整得多的梵文抄本。

185

《吠陀》合集当然不是出自《奥义书》的同一作者和同一时期。我们读过罗斯翻译的《俱梨吠陀》第1部和史蒂文斯翻译的《莎摩吠陀》第1部，就会完全确信这一点了。也就是说，这两者都是由祈祷和仪式组成，散发着星辰崇拜的气息。在此，最高神灵因陀罗被祈求，连带着的还有太阳、月亮、风和火。人们在所有颂歌里对这些神灵极尽阿谀奉承，附带着对奶牛、食物、饮料和胜利的索求，并为此献上祭品。祭品和给教士馈赠就是受称赞的唯一美德。既然奥尔穆兹德（在这之后耶和华由此而出）其实就是因陀罗（根据伊萨克·雅克布·施密特），并且既然密特拉神就是太阳，那么，古艾伯人的拜火也就是从与因陀罗一道传给了他们。正如我所说的，《奥义书》是人类最高智慧的产物，也是唯一只给有学问的婆罗门阅读，所以，安格提·杜伯龙把《奥义书》翻译成"要隐藏起来的奥秘"。那《吠陀合集》则是公开的，虽然是以间接的方式，但那是给大众的，因为那祈祷仪式，亦即公开的祈祷和献祭礼仪是《吠陀合集》的内容。据此，《吠陀合集》就提供了完全是乏味的阅读内容，亦即根据所提到的样品而评判的话，因为科尔布鲁克在《论印度人的宗教仪式》中当然翻译了《吠陀合集》其他书中的颂歌，这些颂歌带有与《吠陀》相似的精神，尤其是在第2篇文章中的优美颂歌。我在第115节给出了这颂歌的翻译。

186

人们在印度凿石建造巨大的石头庙宇时，或许还没发明出文字艺术，那住在庙宇里的数目很多的教士就成了《吠陀》的活着的储存器。其中每一个教士或者每一学派就凭记忆熟记《吠陀》的一部分并传下去，就像古时克尔特人的祭司那样。在这之后，《奥义书》就在这些庙宇中，亦即在那庄严的环境中写成。

187

被人们视为佛教先驱的数论—哲学，在自在黑所作、威尔逊翻译的《数论颂》里，我们可以详尽地看到（虽然由于翻译得不完美而就像雾里看花一样）。这种哲学是有趣和有启发性的，因为数论哲学把所有印度哲学的基本教义，以高贵的认真态度、详细全面地呈现给了我们，诸如从这悲惨的存在中解脱的必要性、根据所作所为而轮回、觉悟是解脱的首要条件，等等。所有这些，在印度自千百年来人们都是以高贵认真的态度对待的。

但是，我们看到这整个哲学却由于一个错误的基本思想而遭破坏，即原初物质与最高精神的绝对二元论。但这也恰恰是数论派与吠陀不同的地方。原初物质很明显就是创造性的大自然，同时也是自在物质，亦即不具有任何形式的、只在思维中而不会被直观到的物质。这样理解的话，这原初物质只要一切都从此而生，那就的确可被视为与创造性的大自然等同。但最高精神却是认知的主体，因为最高精神是感知的、不活动的旁观者。那么，现在，这两者就被当做绝对的不同，彼此是独立的。这样的话，对原初物质为何要为了最高精神的解脱而努力的解释就不足以服人了（《诗篇》，60）。更有甚者，在整部著作中都在教导最高精神的解脱是最终目标，但又突然（《诗篇》，62、63）一下子原初物质成了应该要解脱的东西。假如把原初物质和最高精神视为有共同的根子，所有的一切都有违迦毗罗[1]的意愿而指示这一根子；或者最高精神就是原初物质的改头换面，也就是说，那二元论至少被取消掉了——如果是这样的话，那所有的这些矛盾之处就都会消失了。要明白这桩事情，我别无他法，只能视原初物质为意欲，而最高精神为认知的主体。

数论派一个特有的狭隘和书呆子气的地方就是数目的事情，对所有的特质、素质等的点数和编号：这在印度似乎是惯常的事情，因为在佛教的著作里也有同样的事情。

188

所有印度宗教中灵魂转生的道德意义就在于，不仅我们所做的每一不公正的行为要在接下来的再生中抵罪，而且我们所

---

[1] 数论哲学的创始人。——译者注

承受的每一不公正的行为也必须视为我们应得的，是因我们前世的恶行和坏事之过。

189

三种高级的种姓名为重生，至少可以由此得到解释，就像通常所描述的：在那些种姓的青年到了成年以后被授予圣线，就好比是第二次诞生。但那真正的原因却是：一个人只有在这前世中做出了出色的贡献，才会诞生在这些种姓当中，所以，他在那前世中就肯定已经是一个人了；而谁要是诞生在低级的种姓，或者诞生在比这还要低级的人家，那在其前世，他可能会是动物。

189（补充）

你们嘲笑佛教的永世和劫！当然了，基督教采取的视角可以纵观一段时间；从佛教的视角出发，无尽的时、空展现出来并成为其审视的主题。

正如《佛说普曜经》在开始时是特别的简单和自然，在随后的每一次结集中，每经过一次新的编撰就变得越来越复杂和越奇妙，那教义本身也遭遇了同样的事情：其不多的简单和非同寻常的原理，经过愈加仔细的阐释，经过空间和时间的诠释、经验的定位、拟人化，等等，就逐渐变得杂乱、繁复、五光十色，因为大众的头脑就喜爱这样，就喜欢想些离奇古怪的东西，而不满足于简单和抽象的东西。

婆罗门教的教义和梵天的两个词（Brahm 和 Brahma）之间的分别，超灵与生物体、金胎、创生神拍拉甲拍底、高级精神、原初物质等的分别〔人们在奥布里著的《论印度的涅槃》（1856）中可以看到关于这些的简短和很好的说明〕，从根本上就只是神话式的杜撰，炮制出来的目的是客观地展示那本质上和绝对地只有其主观存在的东西；因此，佛陀舍弃这些东西，就只认准轮回和涅槃。这是因为教义越是变得复杂、混乱和多样，就越是神话化。瑜伽派和托钵僧就最明白这道理。他们讲究方法地坐好坐正，内敛所有的感觉，忘掉这整个世界和自己本身。然后，意识中所留下来的就是原初的本质。不过，这样的事情说来容易，做起来却很难。

以前曾经如此高度文明的印度人，现在却处于沦落的状态，是他们在长达 700 年间受到穆罕默德信徒的可怕压迫所致，因为那些穆罕默德信徒想要用武力让他们皈依伊斯兰教。现在，印度也只有 1/8 的人口成了穆罕默德的信众（1858 年 1 月《爱丁堡评论》）。

190

《阿波罗尼的一生》（佛拉维乌斯·菲洛斯特拉托斯著）里的一些段落显示，埃及人（埃塞俄比亚人）或者说他们的教士是来自印度的。

190（补充）

很可能的是，恰如希腊语和拉丁语与梵文略有渊源一样，希腊和罗马神话与印度神话也有点点的渊源，而希腊—罗马神话和印度神话也与埃及神话有渊源（科普特语，莫非是来自雅弗语或者闪米特语族）。宙斯、波塞冬和哈迪斯或许就是梵天、毗湿奴和湿婆：波塞冬和湿婆都有一个三叉戟，其目的在波塞冬那里并没有解释。一种顶上有圈的十字架，维纳斯女神的符号♀，恰好就是湿婆的那行生殖器像和女性生殖器像。古埃及的奥斯里斯（Osiris）或许就是印度教的大自在天（Isvara）。埃及人和印度人都崇敬莲花。

罗马的杰纳斯（谢林[1]还曾做过关于杰纳斯的学术讲座，并把他解释为原初的一）是否就是那有着两副面孔，有时候则是四副面孔的死亡之神阎罗王？在战争时期，死亡的大门就打开了。或许创生神拍拉甲拍底就是伊阿珀托斯？

印度教的女神安纳·普尔纳（朗格列，《印度的纪念碑》，第2卷，第107页）肯定就是罗马人的安娜·佩壬娜[2]。没有人注意到吗？[3]——湿婆的一个别名巴吉思，让人想起先知巴

---

[1] 谢林对杰纳斯的解释（在柏林学士院）就是：杰纳斯的意思是"作为原初一体的混乱"。但瓦尔茨在《古罗马的宗教》中给出了一个更彻底的解释。参见图宾根大学的说明书，1845年。

[2] 另一版本：安纳·普尔纳就是安娜·佩壬娜，丰富食物的女神（参见伯伦，1，第201—212页）。

[3] 这在《亚洲研究》第8卷，第69—73页早就被注意和讨论了。

基斯（同上书，1，第 178 页）。在《沙恭达罗》（第 6 幕结尾，第 131 页）中，迪维斯佩提作为因陀罗的别名出现了，而这明显就是迪斯匹特（朱庇特）。[1]

至于佛陀与沃登（Wodan）的同一有这样的说法，即（根据朗格列，《印度的纪念碑》，第 2 卷）星期三（沃登之日，Wodansday）对墨丘利和佛陀都是神圣的。拉丁文本《奥义书》中的科尔班在《马可福音》7∶11 中出现，κορβαν（οεστι δωρον），拉丁文则是 Corban，亦即供品。但最重要的是下面这些：墨丘利星（水星）对佛陀是神圣的，在某种程度上与佛陀是同一的，星期三也就是佛陀之日。但墨丘利是摩耶的儿子，佛陀则是王后摩耶的儿子。这不会是巧合！"这里埋葬着一个吟游诗人！"施瓦本人说（参见《佛教指南》，第 354 页注释；《亚洲研究》，第 1 卷，第162 页）。

斯宾塞·哈代（《东方的修道生活》，第 122 页）报道说，在某一庄严的庆典要授予教士的长袍必须在一天之内缝制和完成；而希罗多德（《历史》，2，第122 章）也同样描述了在一个庄严的场合，教士们被授予了长袍。

德国人的先祖是曼努（Mannus），其儿子是图伊斯康；在拉丁语本的《奥义书》中，第一个人则称为曼（Man）。

众所周知，贞信与门努或者曼努、在另一方面与诺亚是同一的。巨人参孙（Samson）的父亲（《士师记》，第 13 章）叫玛诺亚（Manoe），也叫玛努、马诺亚、诺亚；《七十子译本》

---

[1] 这在《亚洲研究》第 1 卷第 241 页已说过了。

则写成 Μανψε 和 Νψε。那诺亚莫非就是去掉了前面字母的"玛诺亚"？

在伊斯拉斯坎人那里，朱庇特称为提尼亚（莫洛·德·约内在道德与政治科学学院，1850）。这莫非与中文的天有关联？伊斯特拉坎人有了印度人的安纳·普尔纳。

＊　　＊　　＊

所有这些类似之处，维尔福德和巴尔在《亚洲研究》中做了透彻的研究。

考古散论

191

佩拉斯吉人（Pelasger）的名字，毫无疑问是与佩拉古斯[1]有关的，用以描述那些来自亚洲零散的、被排斥并走失了的原始小部落：这些部落最先到达了欧洲，在那里很快就完全忘掉了自己祖国的文化、传统和宗教，而在另一方面，则由于美好、温和的气候与肥沃土地的影响，以及希腊土地和小亚细亚的许多海岸，他们自己就在希伦的名下得到了一种完全合乎自然的发展和获得了纯粹人性的文化，其完美是除此之外任何其他地方都不曾有过的。所以，他们只有一种半开玩笑似的、小孩式的宗教，严肃的东西则躲到了神秘剧和悲剧里面。我们唯独要感谢这个希腊民族的，是准确地把握和合乎自然地表现人的形态和举止，发现了建筑艺术唯一正规的、并由他们永远固定下来的比例，发展出了诗歌的真正形式，以及发明了那的确优美的韵律，建立了朝着人的思维的各个基本方向的哲

[1] 希腊语对大海的形容。——译者注

学体系、数学的基本概念，为理性立法奠定了基础，对某种真正优美和高贵的人类存在给出了总体上合乎标准、规定的描绘。这是因为这一小小的天选的缪斯和典雅民族可说是配备了对美的直觉。这种美的直觉渗透和扩展到了一切：脸容、身形、姿势、衣服、武器、建筑物、容器、工具及其他东西，并且无论何时何地都不舍弃他们。所以，我们在多大程度上远离了希腊人，尤其是在雕塑和建筑艺术方面，那就将在同等的程度上远离了良好的趣味，远离了美。古人是永远不会过时的。他们永远是我们一切努力的指路明星，无论是在文学上还是在造型艺术方面；我们永远不要忘记这一点。那些放肆想要撇开古人的时代，等待它们的就是耻辱。因此，某个腐朽的、可怜的和纯粹只想着物质的"当代今天"想要逃学，以便能自大傲慢地感觉好一些，那就是播下了耻辱的种子。

在另一方面，希腊人在机械技术和在自然科学的各个分支方面却远远落后于我们，因为这些事情所要求的更多的是时间、耐心、方法和经验，而不是高级的精神思想能力。所以，从那大多数的自然科学著作中，我们除了知道他们所不知道的东西以外，就再也学习不到什么东西了。谁要是想知道古人在物理学和生理学方面的无知是多么的让人难以置信，那就读一下亚里士多德的《论问题》好了。那些是古人无知的一个标本。虽然那些问题通常都是正确的，并且部分是构思细腻的，但解答却绝大多数都是很糟糕的，因为他并不知道解释的其他要素——除了始终那句"热和冷，干燥和潮湿"。

191（补充）

希腊人就像日耳曼人那样是从亚洲移民过来的原始部落，他们都远离了故乡，完全是以自己之力成长了起来。但希腊人变成了什么，而日耳曼人又变成了什么！我们只需比较一下，例如，两种人的神话，因为在这神话之上，希腊人稍后建立了他们的诗歌、文学和哲学——他们的首批教育家就是古老的吟唱者，俄耳甫斯、穆赛乌斯、安菲翁、利纳斯和最后的荷马。在他们之后的是七个智者，到最后哲学家出现了。希腊人就好比是经历了他们学校的三个级，而日耳曼人在大迁移之前则根本谈不上这些东西。

在高级文理中学不应该教授古老德国的文学、尼伯龙根及其他中世纪诗人，因为这些东西虽然很值得留意，也值得阅读，但却不会有助于培养趣味，而是夺去了那本应属于古老和真正经典作品的时间。但如果你们这些高贵的日耳曼和德国爱国者要以古老的德国蹩脚诗歌取代希腊和罗马的经典，那你们就会教育出游手好闲的懒虫而已。把这些尼伯龙根与《伊利亚特》作比较，简直就是亵渎。年轻人尤其不应听到这些胡扯。

192

在斯托拜乌斯的《田园诗》第 1 部中，俄耳甫斯的颂诗是有关印度的多神教，经过了有形象、造型感觉的希腊人一番游戏般的点缀。那当然不是出自俄耳甫斯，但却是古老的作品，因为这颂诗的一节早在伪托亚里士多德的《宇宙论》（这本书最近被人认为是出自克莱希普斯）中就已经被提及。这里面可能会有些俄耳甫斯的东西，但人们还是忍不住要把这视为记录了从印度宗教过渡到希腊多神教的东西。无论如何，我们可以把这作为解毒剂，针对的是那在同一部书中备受推崇的克里安提斯献给宙斯的赞美诗，因为这首赞美诗明显有着犹太的气味，也正因此，这赞美诗是那样的招致人们的喜欢。我永远不会相信斯多葛主义者克里安提斯，因此也就是泛神论者，会写出这篇让人恶心的、粗制滥造的赞美玩意；我倒是怀疑这是某个亚历山大的犹太人所为。不管怎么样，这样误用克洛诺斯的名号是不对的。

192（补充）

克洛托、拉克西斯和阿特洛波斯表达了与梵天、毗湿奴和湿婆同样的根本思想，但这些已是太过自然的思想，以致我们因此而无法推论其历史渊源了。

193

在荷马的作品里，许多词语、比喻、形象和成语没完没了地经常出现，植入的时候是那样的生硬和机械，就像是固定的模式。

194

诗歌比散文要早,因为菲勒塞德斯是第一个以散文写作哲学的,迈利特的赫克特斯则是第一个以散文书写历史的;这些事情被古人视为值得纪念——这些可以在以下得到解释。在人们书写之前,人们就寻求以诗歌的形式真实地持久保存有保存价值的事实和思想。那么,在他们开始书写的时候,他们很自然地把一切都写成诗歌,因为他们除了以诗歌保存值得纪念的东西以外,并不知道还有什么其他方式。那些最早的散文家脱离了诗歌,就像是脱离了一样已成过剩的东西。

194(补充)

希腊人唯一剩下来的神秘宗教仪式,或者更准确地说,与这神秘宗教仪式相类似的东西,就是共济会及其仪式:加入其中就是入门和接受圣职仪式;人们在那所学到的是奥秘,其不同的等级则是小、大、更大的奥秘。这些类似既不是偶然的也不是传承过来的,而是因为这些源自人性:在穆罕默德信徒那里,也有类似的苏菲教派的神秘仪式。因为罗马人并没有自己的神秘仪式,所以,人们就入门和接受外来的神祇,尤其是伊希斯,其礼拜和祭礼很早就扩展到了罗马。

195

我们的衣服对我们几乎所有的姿势、举止都发挥了某种程度的影响，而古人的衣服却不是这样的。古人或许根据他们的审美感觉而对此不便有所预感，因而保留了宽大、并不紧贴身体的衣服。正因此，当一个演员穿上古时候的衣服，就要避免我们的衣服以某种方式所造成的、之后成了习惯的动作和姿势。所以，他也就用不着趾高气扬和挺胸自大的样子，就像穿着宽外袍和束腰外衣，在拉辛剧中的法国小丑那样。

195（补充）

我们或许可以这样描述古人精神的特征：他们无一例外地和在所有的事情上都争取尽可能地接近大自然，而当代精神的特征则是竭尽可能地远离大自然。我们只需看看古人和现代人的衣服、风俗、工具、住所、器皿、艺术、宗教和生活方式。

神话方面的一些思考

196

这有可能是这一现象世界的一切生物共有同一渊源和透过自在之物的一体性所导致的结果，不管怎么样，事实就是：所有的生物都有相似的类型、模式，某些法则在所有一切中都是同样和有效的——只要这些法则得到足够普遍的理解。由此可以解释：我们不仅可以以极不相同的事物互相解释或者说明，甚至在描述和描绘中还可以发现并非有意为之的恰当比喻或寓言。这方面一个精美的例证就是歌德关于青蛇的异常美丽的童话。每个读者都几乎是不由自主地去寻找这其中的寓意，所以，在这童话故事出来以后，许多读者就马上相当热情和认真地以多种方式展开寻找和发掘工作。歌德也对此忍俊不禁，因为他当时并不曾有寄予任何寓意的意思。人们可在丁策尔的《歌德著作研究》（1849）找到对此的报道，我更是早就从歌德本人所说的知道了此事。《伊索寓言》的起源就是归功于事物中这普遍的相类似和典型的同一性，也正是基于此，历史就可以是寓言式的，而寓言式的就可以是历史的。

从古老的时候开始，希腊神话就比任何其他神话提供了更多的素材作寓意分析，因为希腊神话吸引我们对其演绎，提供了模式、样板以形象地说明几乎每一个基本思想，并的确是在某种程度上包含了一切事物、关系的原初典型——也正因此，这些原初典型时时处处地透现出来。这其实是出自希腊人要把一切都拟人化的游戏本能。因此，早在最古老的时候，甚至赫西俄德本人就已经寓言式地理解那些神话。例如，当他列举出（《神谱》，5，第211页及以下）黑夜的孩子，并在这以后很快列举了厄里斯的孩子，亦即努力、损害、饥饿、苦痛、争斗、谋杀、争吵、说谎、非义、不诚、灾难和誓言，那赫西俄德就恰恰只是给出了道德的寓言。他所描述的拟人化的黑夜和白天、睡眠和死亡（同上书，5，第746—765页），就仍是物质性的、有形的寓言。

每一个宇宙的，甚至每一个形而上的体系，根据以上理由都可以在神话里找到对应的寓言。总的来说，我们不得不视绝大多数神话只是感觉到的、而不是思考清楚的真理的表达。这是因为那些古老的希腊人就正如青年期的歌德那样：他们除了以图像和比喻来表达他们的思想以外，别无他法。但与此同时，对克罗泽透过漫无边际的、折磨人的冗长繁琐工夫认真和艰辛地分析出神话就是被人有目的地储存了自然的形而上的真理，我则必须以亚里士多德的"神话的胡扯所涉及的东西，并不值得认真地去考虑"（《形而上学》，2，4）打发了事。但在此，亚里士多德完全与柏拉图相反：柏拉图喜欢研究神话，但却以寓言的方式。

所以，我下面对一些希腊神话试图发掘其寓言方面的含义，必须在以上的意义上理解。

197

神灵体系首要伟大的基本特征，可以让我们瞥见一个有关最高的本体论和宇宙论原理的寓言。乌拉诺斯就是空间，是一切存在物的首要条件，亦即与事物的承载者盖亚一道，是第一个生育者。克洛诺斯是时间。他阉割了生殖的本原：时间消灭了每一个生殖能力，或者更准确地说，是消灭了生殖新的形式的能力，在第一个世界周期以后，那生产出活的种属的原始生殖就停止了。宙斯逃过了父亲的吞噬，他就是物质：只有物质逃脱得了时间的所有其他的消灭性力量而继续坚持。但所有事物都是从物质而出。宙斯也就是神和人的父亲。

现说得更详细一点：乌拉诺斯不让其与大地之神所生的子女看到光明，而是把他们藏在地下深处（赫西俄德，《神谱》，第155页及以下）。这可以表示大自然的首批动物产品——我们也只能看到处于化石状态的这些东西。但在大懒兽科和柱牙象那里，我们也就如同看到了宙斯扔到地下面的巨人——在这之前的世纪，人们也在那些化石中甚至认出倒下的天使！但隐藏在赫西俄德的《神谱》背后，的确依稀有着地球早期变动的痕迹，以及氧化了的、可产生生命的表层与被其挤进地球里的难以驾驭的、控制着可氧化物的自然力之间的争斗痕迹。

再者，克洛诺斯，那狡黠的家伙，使用诡计阉割了乌拉诺斯。这可以说明那暗袭一切的时间，这时间解决了一切和秘密地、一个接一个地把我们带走，最终也夺取了天空与大地，亦即与大自然原初生产出新的形体的能力。那已经生产出来的就作为物种将在时间上继续存在。克洛诺斯却吞噬了自己的孩子，而时间则不再产生出种属，而只是让个体显露出来，生产出只是可朽的生物。只有宙斯才唯一逃脱了这一命运：物质是永存的。与此同时，英雄和智者也是不朽的。更具体地说，上述过程是这样的。在天空和大地，亦即大自然失去了那生产新的形态的原始生殖能力以后，这生殖力就变成了阿芙洛狄蒂，而阿芙洛狄蒂就是从乌拉诺斯被割下的生殖器掉进大海而成的泡沫生出来的，也恰恰只是有性生殖出个体以保持现有的物种，因为现在已经再没有能力生出新的物种了。作为阿芙洛狄蒂的陪伴和助手，厄洛斯和希马洛斯就是为了这样的目的而出现的（《神谱》，第 173—201 页）。

198

人的本性与动物和整个大自然本质的关联及一体性，因此也就是微观世界与宏观世界的关联及一体性，由那充满神秘之谜的斯芬克斯表达了出来，由半人半马的怪物，由艾菲索斯的阿尔特弥斯（在她无数的乳房下面，有许多不同的动物形态）表达了出来，也由埃及的人身和动物头的形状、印度的象头神，还有那些尼尼微的人首翼牛和人首狮子表达了出来——后者让人想起半人半狮的化身。

伊阿珀托斯的孩子表现了人的四个基本性格素质及与此相伴的苦痛。阿特拉斯是忍耐的，必须负重。墨诺提俄斯是勇敢的，就会被制服和被投进毁灭之中。普罗米修斯是深思和精明的，就会被束缚了手脚，亦即在有效行动时遭受障碍，而那鹫鹰，亦即那忧虑就啃咬着他的心。厄毗米修斯是没有思想、欠缺考虑的，就受到自己的愚蠢的惩罚。

人的未雨绸缪，那为第二天的考虑，人类超过动物的地方，事实上就完全拟人化为普罗米修斯。这就是为什么普罗米修斯具有预言的本领：那意味着深思熟虑的预见能力。这就是为什么普罗米修斯也把火的应用授予人类——而这是动物所没有的——并奠定了人类生活的艺术和技巧。但因为这为将来而忧虑的特权，人们必须承受不间断的忧虑以作处罚，而这也同样是动物所没有的。这也就是那只鹫鹰，以啃吃被铁链拴住了手脚的普罗米修斯的肝脏为生。厄毗米修斯有可能是在后来补充发明出来的，他代表了后知后觉和事后的忧心与补救，是鲁莽、轻率、没有思想者的回报。

普罗提诺（《九章集》，4，图书3，第14章）对普罗米修斯给出了某一完全不一样的，亦即某种形而上但却耐人寻味的解释。那就是普罗米修斯是世界灵魂，制造了人类，并因此落入了只有某一赫拉克利斯才能挣开的束缚。

我们这时期的教会死敌会觉得下面的这一解读合乎口味，

那被束缚的普罗米修斯就是被上帝（宗教）束缚住的理性：也只有推翻了那宙斯，普罗米修斯才能获得解放。

200

潘多拉的寓言对我始终是不清楚的，甚至让人摸不着头脑和反常的寓言。我怀疑赫西俄德本人就已经误解和扭曲了这个寓言。潘多拉在其盒子里面的并不是这世上所有的灾难，而是所有的好处，就像其名字所显示的。就在厄毗米修斯仓促打开这盒子的时候，好处就飞走了，而只有这里面的希望被留住和给了我们。最后，我很满意地发现了古人几段与我这意见相一致的话语，亦即在《选集》（《希腊选集》，雅各布斯编，第7章，书信84）和在那被引用的巴布里乌斯的一段话，开首是这样的：

宙斯把所有的好的东西收集在一个圆桶里。

——巴布里乌斯：《寓言》，58

201

赫西俄德在《神谱》（诗篇，275和518）的两个段落中，把那特别的书信体诗"清晰的声音"归为赫斯帕里得斯姐妹所作。这首诗把赫斯帕里得斯的名字和她们的逗留大为延长至深夜联系起来以后，让我有了这当然是很古怪的念头：赫斯帕里得斯是否以某种原因就有蝙蝠的意思？也就是说，那诗很好地对应了这些动物所发出的短暂、口哨样的音声[1]；此外，用上"黄昏的女儿：赫斯帕里得斯"就会比"深夜的女儿：蝙蝠"更贴切，因为蝙蝠飞的时候更多的是在黄昏而不是深夜：它们是出来寻找昆虫，而"黄昏的女儿：赫斯帕里得斯"恰恰就是拉丁文 vespertiliones（蝙蝠）的对应词。所以，我不想压制这样的想法，因为以此引起注意以后，有人就可能找到更多证实此说的东西。如果天使就是有翼的公牛，那为何赫斯帕里得斯姐妹就不可以是蝙蝠呢？或许她们就是在奥维德的第四部书《变形记》中被变成了蝙蝠的阿尔克托厄及其姐妹。

202

猫头鹰是雅典娜的鸟儿，可能是因为学者秉烛夜读和研究的缘故。

203

神话让克洛诺斯吞食和消化石头，并不是没有原因和意义的，因为那完全是难以消化的悲伤、愤怒、损失和受到的侮辱，唯独时间才可以消化掉。

---

[1] 希罗多德在《历史》（4，183）中就用这词写过："啾啾鸣叫，他们就像蝙蝠一样地发出啾啾声。"

203（补充）

提坦神族被推翻，并被宙斯以雷霆打进了地下——这与那些对抗耶和华的造反天使似乎是同一个故事。

伊多梅纽斯因为自己的誓言而牺牲自己的儿子的故事和耶弗他的儿子的故事，在本质上是同样的事情。

就正如梵文有哥特和希腊语的根源，同样，是否还有某一更古老的神话，而希腊与犹太神话就由此古老神话而出？如果尽情发挥机灵，那我们甚至可以提出：宙斯与阿尔克墨涅生育了赫拉克利斯的那个双倍长的夜晚，就是由于在遥远的东方，约书亚命令太阳在耶利哥静止不动而产生的。宙斯和耶和华互相不经意间帮了对方的大忙，因为天空的神灵就像地上的神灵一样，总是秘密地关系友好。但与耶和华的嗜血行为和他选定的强盗民族相比，父亲宙斯的娱乐却是多么的无邪！

204

在此结尾处，我对一个众人皆知的、经阿普莱伊斯而奠定了不朽地位的神话，给出我的相当微妙和极其奇特的寓意式解读，虽然这种解读由于所涉话题而招来人们的嘲笑——这些人很想说的一句话就是："从崇高到可笑只有一步之遥。"从我的哲学的顶点视角审视——而我的哲学，人们都知道就是节欲苦行的角度——对生存意欲的肯定就集中在性行为那里，性行为就是肯定生存意欲最明确的表达。这种肯定的意义其实就是：那原初并没有认知的意欲，亦即一种盲目的渴望和冲动，在经由表象的世界认知了自身的真正本质以后，并没有因此而让这扰乱和妨碍了自己的意欲和渴望，而是从此有意识地、考虑周详地意欲之前听凭没有认知的本能和冲动而意欲的东西（参见《作为意欲和表象的世界》，第1卷，第54节）。与此相应，我们发现那通过自愿的禁欲而苦行和否定生活，与通过性行为而肯定生活的人，在经验中可以以此区别开来：前一种人是在没有认知、作为某种盲目的生理功能的情况下，也就是在睡眠中发生的那后者是带着意识和考虑的，亦即在认知的帮助下所完成的事情。事实上，这一点是相当值得注意的：这一抽象的、与希腊人的思想没有任何关联的哲学观点，连带那例证的经验过程，在普赛克（Psyche）的优美神话中得到了精确的寓言式表述：普赛克只能在看不到丘比特的情况下才可享受爱神（丘比特），但普赛克却对此感到不满，所以就无视所有的警告一定要看到他。这样，在神秘力量的无可避免的判决以后，普赛克就陷入无边的灾难之中，也只有经过在地下世界的流浪和在那里完成艰难的人物，普赛克才得以赎罪。

略论泛神论

68

现在在大学教授之间展开的泛神论和一神论的争论，我们可以透过一段对话，以比喻和戏剧的方式表现出来。这段对话是演出期间在米兰的一家剧院的正厅进行的。一个对话者深信自己身处巨大的著名的吉罗拉莫木偶剧院，赞叹着导演的布置和让木偶表演起来的技巧和艺术。另一对话者则反对说，完全不是这回事！表演者不过就是导演和他的助手们，我们眼前所见的木偶角色，其实是导演们藏身在其中；剧作者也在里面表演角色。

看着大学教授们与泛神论就像是与某一禁果一样地眉来眼去，又不敢伸手抓住它，倒是挺好笑的。大学教授在这方面的态度和表现，我在《论大学的哲学》中已经有所描绘，并且让我们想起《仲夏夜之梦》中的织工波顿。啊，哲学教授这一行饭可真不好吃啊！他们首先得随着政府部长的笛子起舞，就算是他们做出了的确是细腻、优雅的成绩，但却仍然会受到外面的野生吃人兽、真正的哲学家的袭击：这些袭击者可以把他们装进口袋，随身带走，以便一有机会就拿出来，就像口袋滑稽丑角一样，观赏其表演以取乐子。

69

我是反对泛神论的，首要的是泛神论并没有说出任何东西。把世界称为"上帝"，并没有就此解释了这世界，而只是用了"世界"这一多余的同义词丰富了我们的语言。你们说"世界就是上帝"，抑或"世界就是世界"，归根到底是同一样的。如果我们从上帝出发，姑且把上帝当作是既定的、有待解释的东西，亦即说出"上帝就是世界"，虽然这在某种程度上给出了某一解释——只要这是把未知的东西引到相对知道的东西——但这仍然只是以字词解释字词而已。如果我们从那真实的既定之物出发，亦即从这世界出发，说出"世界就是上帝"，那很清楚，这样的话就是什么都没有说，或者起码就是"以更未知的来解释未知"。

因此，泛神论假设了一神论是在泛神论之前的，因为只有当我们从某一神祇出发，亦即预先就已经有了这一神祇，并且很熟悉这一神祇，我们才会终于把这神祇与世界同一起来，以便真能以像样的方式处理掉这"世界"的概念。也就是说，我们并不是不带定见地从世界作为有待解释之物出发，而是把神祇视为既定之物并从神祇出发，但在人们很快就不知这神祇去了哪里以后，"世界"就得接替了神祇的角色。这就是泛神论的起源。这是因为从一开始和不带定见的话，任何人都不会想到要把这世界视为一个神祇。如果哪位神祇不曾想到有什么更好的娱乐，而是要把自己变身为我们眼前所见的世界，变身为一个如此饥饿、渴求的世界，目的就是在此忍受那没有节制，也没有目的的苦难、匮乏和死亡，其外形就是那数百万活着的、但却是担忧、害怕、饱受折磨的生物（其总体上只依靠互相吞噬才可以短暂生存）。例如，变身为 600 万的黑人奴隶，每天身上平均承受 6 000 万下的鞭打；变身为 300 万的欧洲织工：饥寒交迫，在潮湿的冰冷小屋中或者凄凉的厂房中挣扎度日，等等——这神祇很明显是受到了糟糕的误导。对于那肯定是习惯于另外完全不一样的东西的神祇，这算是什么样的娱乐啊！

据此，从一神论到泛神论的所谓巨大进步，如果我们认真对待，而不是只把那视为经过了伪装的否定，就像上面所表明的那样，就是从未经证明的和难以想象的东西转换成了彻头彻尾的荒谬东西。这是因为尽管与"上帝"一词连在一起的概念是多么的不清、摇摆和混乱，但"上帝"的两个属性却是与"上帝"无法分开的：至高的能力和至高的智慧。认为配备了这样东西的神灵会置自己于所描述的处境，简直就是一个荒谬的想法，因为我们在这世界的处境，很明显，是任何一个有智力者都不会置身的，更不用说一个全知者了。泛神论必然就是乐观论的，因此也是错误的。相比之下，一神论只是未经证实，就算很难设想那无边的世界就是人格化的，因此也就是个体的神灵的作品，而这样的神灵我们也只能从动物的本性去了解，但这也不至于是完全荒谬的想法。这是因为一个全能并且全知的神灵创造出一个饱受痛苦、折磨的世界，始终是可以设想的，虽然我们不知道这到底是为了什么。因此，就算我们认为这一神灵有着至善，但无法探究这神灵的旨意，就成了一个借口，让这一理论得以逃脱被人们斥为荒谬。但根据泛神论的设想，那造物者上帝本身就受了无尽的痛苦折磨，在这一小小的地球上，在每一秒钟都死去一次，并且是上帝自己自愿要这样。这就荒谬了。把世界与魔鬼视为一体，才是更正确的看法，这也是《德国神学》可尊敬的作者所做的，因为他在其不朽著作的第 93 页（根据恢复了的文本，斯图加特，1851 年）说："这就是为什么邪神与大自然为一体，无法克服大自然的地方，也就是无法克服邪神的地方。"

很明显，这些泛神论者给这轮回世界冠以上帝之名；但神秘主义者则把这同一个名字给了涅槃。关于涅槃，神秘主义者可以叙说比他们所知的更多的东西，但佛教徒却没这样做，所以，他们的涅槃就是相对的无。"如果正确理解了事情，那我们是不会纠缠于其名称的。"犹太教会、基督教会和伊斯兰教应用上帝（或神祇等）一词时，采用的是其本来的和正确的含义。

今天经常听到的说法，"世界就是目的本身"，到底是要以泛神论还只是以命运论去解释是不确定的，但却起码只是允许某一自然的而不是道德上的含义，因为根据这后一种看法，世界始终就表现为实现某一高目标的手段。但认为世界有的只是自然方面的含义，而没有道德上的含义，这想法却是最不可救药的错误，是怪癖、反常的头脑的产物。

论法学和政治

120

德国人一个特有的缺点就是：明明摆在他们面前脚下的东西，他们却在云端里寻找。这方面一个极好的例子就是哲学教授对自然权利的解释。为了解释人与人之间最简单的生活关系，这些也就是自然权利的素材，亦即公义、不义、拥有、国家、刑法，等等——为了解释这些，就搬出了至为膨胀、至为抽象、因此是至为广泛和空洞的概念，然后就运用这些概念，根据那些教授各自的古怪念头而建起了林林总总一个又一个直冲云霄的巴比塔。就这样，那些最清楚、最简单的与我们直接相关的生活关系就被搞得难以理解，给在这些学校接受教育的年轻学子造成极大的不便。但这些事情本身却又是极为简单和易懂的。读一下我在《论道德的基础》（第 17 节）和《作为意欲和表象的世界》（第 1 卷，第 62 节）中关于自然权利的论述，就会相信我这里所说的。对于某些字词，例如权利、自由、好、是（Sein）（这完全没有意义的联系动词中的不定式），等等，德国人很会犯晕，马上就会陷入某种神志不清，并开始啰嗦些莫测高深、不知所云的字词，因为他们会把意义最广泛、因此也就是最空洞的概念煞费苦心地罗列在一起，而不是去注视现实，亲身直观事物和关系。要知道，那些概念是从这些现实中抽象出来的，所以，这些现实是那些概念唯一真正的内涵。

121

谁要先入为主，认为权利的概念必然是肯定性质的，并要去定义此概念，那他是不会得出什么结果的，因为他只是想要抓住一个影子，追踪一个鬼魂，寻找一个乌有的东西。也就是说，正如自由一样，权利的概念是否定性质的，其内涵就只是否定的。不公正、侵犯权利的概念是肯定性质的，是与广泛意义上的侵害同一个意思。这样的侵害可以涉及人身，或者财产，或者名誉。由此，人的权利就可轻易定义为：每个人都有权利做一切不会侵害别人的事情。

有权利做某事或者对某样东西拥有权力，就只是意味着可以做某事或者拿去、应用某样东西而又不会因此而侵害了别人。"简朴就是真理的印记。"由此就可看出许多问题是多么的不知所谓，例如，我们是否有权结束自己的生命。但至于或许对我们人身的要求和权利，那是以我们活着为条件的，随着我们这一条件的消失而消失。要一个人在已经不想再活下去的情况下，仍须为了他人的利益而机器人一般地继续生活，是过分的要求。

122

虽然人们的力量和能力并不相等，但他们的权利却是相等的，因为权利并不建基于力量和能力，而是本着权利所具有的道德本质，建立在这一事实上：在每一个人那里，那同一个生存意欲都在其同一个级别的客体化展现出来。这只是就人作为人所拥有的原初的和抽象的权利而言。每个人通过其力量和能力所挣得的财产和荣誉，取决于这些力量和能力的程度和性质，并给了他的权利以更大的范围：平等就到此为止了。在这方面配备了更高能力的人，或者更勤劳地发挥这方面能力的人，通过其更多的所获，扩大的并不是他的权利，而只是他的权利所涉及的东西的数目。

123

在我的主要著作（第 2 卷，第 47 章）中，我阐明了国家本质上就只是这样一个机构：保护整体人民免受外来侵略，也保护人们免受内部个人之间的侵害。由此就可推论：国家的必要性就在于众所周知的人类的不公正。没有了这些不公正的话，就不会有人产生关于国家的某一个想法，因为人们就不用害怕自己的权利受损害，而联合起来对抗野兽或者自然力的袭击与国家毕竟只是些微相似而已。从此观点出发，就可清楚地看出那些假冒哲学家的狭隘和平庸，因为他们以华丽的辞藻把国家表现为最高的目标和人类存在的花朵，并以此给出了对庸俗的神化和礼赞。

124

如果在这世界上公义是普遍存在的话，那我们建起了我们的屋子就已足够了，除了这明显的财产权以外，就不需要其他的保护了。但正是因为不义是生活中的常态，所以才有必要让建好自己屋子的人也能够保护这一财产。否则，这个人的权利事实上就是不完备的。也就是说，侵略者就有其拳头的权利（Faustrecht，或说拳头即公理）。而这恰好就是斯宾诺莎对权利的概念，因为他并不承认其他权利，他是这样说的，"每个人有多少力量，就有多少权利"（《政治论》，第 2 章，§ 8），"每个人的权利是由他具有的力量所决定的"（《伦理学》，4，命题 37）。似乎是霍布斯引导他形成了这一概念，尤其是在《政治论》第 1 章 § 14。在那里，霍布斯补充了这一古怪的解释：可爱的上帝对一切拥有的权利只是建基于上帝的无所不能。那么现在在公民世界，虽然这一权利概念无论是在理论上还是在实践中都被废除了，但在政治方面却只是理论上废除了而已，在实践中这个权利概念仍然是持续适用的。我们现在就看到在中国因疏忽了拳头就是公理，就是权利这一规律而得到的后果，亦即国内的叛乱和欧洲人的外侮。这世界上最大的王国并没有防卫的力量，必然就得因为只是耕耘和平的艺术而不是战争的技艺而受罪。在那创造性自然的活动与人的活动之间，有某种特有的相似之处，但这相似之处却不是偶然的，而是建基于这两者的意欲的同一性。在整个动物世界里，在以植物为生的动物出现以后，最终在每个动物级别都必然出现那抢掠性的动物，其目的就是以前者为猎物、为生。同样，在人们诚实地和汗流满面地从土地上得到整个民族赖以为生的东西以后，就总会出现这么一些人：他们并不想开垦土地以获得生活所需，而更宁愿冒险押上生命、健康和自由去赌一把，目的就是扑向那些诚实挣得了财产的人，把他们的劳动所得据为己有。人类当中的这些掠食动物就是四处征服的民族。无论何处都可见到这些人，从最古老的时代一直到最近的时期，其各自的得失成败无例外地给这世界历史提供了素材。因此，伏尔泰说得很对："所有的战争不过就是抢掠而已。"他们对此也感到羞耻——这可由此看得出来：每一个政府都扯大嗓门声明：他们拿起武器只是为了自卫。但这些征服者并不是以公开的和官方的谎言粉饰这种事情——这其实比做出那些征服行动更让人恶心——而是大胆无耻地引用马基雅弗利的学说。也就是说，从这些学说他们推断出：虽然在个体之间，在伦理和法学方面，"己所不欲，勿施于人"的原则当然是适用的，但在民族之间和政治方面，与此相反的原则才是对的，即"己所不欲，施之于人"。你不想被别人奴役，那就要及时奴役别人——也就是说，一旦别人的软弱给你提供了这样的机会。这是因为一旦错过了这样的机会，他们以后就倒戈到了敌方的阵营，然后就会奴役你——虽然现在犯错放过机会的一代人用不着付出代价，但接下来的一代人就将为此受罪。马基雅弗利的这一原则对抢掠欲望来说终究是更像样的借口，总比总统演说里面的那些用以包裹赤裸谎言的破烂外衣要好；马基雅弗利的原则也让人想起那兔子据称袭击了大狗的著名故事。从根本上，每个国家都视别的国家为一帮强盗，一有机会就会扑将上来。

125

在农奴制（诸如俄国）与土地占有制（诸如英格兰）之间，在总体上的农奴与租赁土地的佃户、土地抵押的债务人等之间，差别更多的是形式上的而不是实质上的。这农民是属于我的，抑或这农民赖以养活自己的土地是属于我的；这鸟还是这鸟的食物属于我，那果实抑或结出这果实的果树属于我——这些在本质上是没有多少差别的。就正如莎士比亚让夏洛克说的：

你夺走了我赖以为生的手段，
也就夺走了我的生命。

自由农民的好处虽然可以不干农活了，到广阔的世界闯荡一番，但农奴和"束缚在这土地之上"的人或许拥有这更大的好处：当农产歉收，当疾病、衰老和失去能力而无助时，他的主人就得照料他。所以，农奴能睡上个安稳觉，而遇上歉收时，农奴的主人则在床上辗转难眠，想着办法给他的农奴提供面包。因此，米南德就已经说了："为一个好主人效力，胜过成为自由人活在苦难之中。"（斯托拜乌斯，《选集》）自由人的另一个好处就是他有可能通过自己的某些才能而改善自己的处境，但这样的可能性对农奴来说也不是完全被剥夺了。如果农奴有更高级的成就，对其主人甚有价值，那他也会因此得到相应的对待，例如罗马时的手工匠人、制造厂的主任、建筑师，甚至医生也大多是奴隶。甚至在今天的俄国，据说很了不起的银行家也是农奴。农奴有这些行业技能的话，也可以赎回自由，就像在美洲所经常发生的那样。

所以，贫穷和奴役只是同一种东西的两种形式，或几乎可以说就是同一种东西的两个名字而已，因为这同一种东西的实质就是：一个人付出了力气或能力，但绝大部分都不是为了自己，而是为了别人。这样，他就一方面会工作负荷过重，另一方面又无法满足自己的需求。这是因为大自然只赋予了人恰好一定量的力气，以让他在适度运用其力气的情况下得以谋生，力气也就所剩不会很多。那么，如果人类中并不只是极少一部分人不怎么以体力承担起人类生存的共同负担，那余下的人就会因此而超额劳作和受苦。由此产生的祸害，要么是以奴隶制的名义，要么是以无产者的名义，在任何时候都由绝大多数人承担。但导致这祸害的远因却是奢侈。也就是说，为了让少数人得到一些可有可无的、多余的和精巧之物，让他们可以满足那甚至是虚假的需求，现在很大一部分人力就得花费在这些东西上面，并因此不再生产必需的、不可缺少的东西。成千上万的人就不是为自己搭起小屋和茅舍，而是为少数人建造奢华的大厦；不再是为自己及家人缝制粗衣，而是为有钱人织造精美的衣服，或者丝绸料子，甚至花边，为满足有钱人而制作多种多样的奢侈物品。城市中的大部分人成了这些奢侈品的制作工人，因此，现在农夫们就为这些人和向这些人订购产品的人而耕地、播种和放牧，亦即有了比大自然加诸他们身上的更多的苦役。除此之外，他本人也还要花费不少力气和土地，不是在谷物、土豆和畜牧业方面，而是去酿酒、养蚕、缫丝，种植烟草、啤酒花、芦笋，等等。更有甚者，大量的人脱离了农业而服务于造船和航海，以便弄来蔗糖、咖啡、茶叶，等等。生产这些多余消费品就再度成了数以百万计的黑奴苦痛的原因。那些黑奴被人从其祖国强行掳走，目的就是要以他们的汗水和苦痛去生产那些供享受之物。一句话，人类的大部分精力不是用于生产所有的那些必需品，而是用于为一小撮人生产完全是多余的、可有可无的东西。因此，只要有奢侈品的存在，那就必然会有超额的工作和悲惨的人生，不管其名称是贫穷还是奴役。这两者的根本区别就是：奴隶把其原因归为暴力，而贫穷者则把原因归为人的狡诈和诡计。整个社会有失自然的状态，那要逃离苦难的普遍斗争，那要付出许许多多的生命代价的航海，那错综复杂的商业利益，最后就是所有这些会引致的战争——所有这些的唯一根源就是奢侈品，而这些奢侈品却并不会给享受这些奢侈品的人带来幸福，而更多的是让这些人病态和心情更加糟糕。据此，减轻人类苦难最有效的手段就是减少，甚至取消奢侈品。

这一整串的思路无疑有许多对的东西。但是，这也遭到另一种说法的反驳，而这另一说法更由于有来自经验的证明而变得有力。也就是说，人类投入生产奢侈品中的劳动，在这方面必然要失去的肌肉力量，却慢慢地在神经力量（情感能力和智力）方面千倍地得到补偿，因为神经力量恰恰是通过这一机会而获得了自由（在化学的意义上）。这是因为神经力量属于更高一级的，所以，这些力量所成就的也就比肌肉力量的成就高出千倍：

> 一个好的点子经常胜过许多手工劳作。
>
> ——欧里庇得斯：《安提厄普》

一个全都是农民的民族，不会有什么发现和发明；但悠闲的手会导致活跃的头脑。艺术、技艺和科学本身就是奢侈的孩子，它们也偿还了欠下的债务。它们的成果就是在科学的各个分支都完善了技术，在机械、化学、物理诸方面，而到了今天，把机械业提高到了一个从来不曾想到过的高度，尤其是通过蒸汽机和电力而做出的事情，这在以前会被归为神鬼所为。因为机械在现在的工厂、工场和不时在农活中所做的工作，是千倍于所有有闲的、生活富裕的、受过教育的人和脑力劳动者双手所能做出的，亦即做出了就算废除了奢侈品、让全民都干农活也无法做出的事情。那些工厂、运营、生产的结果一点都不是只让有钱人得益，而是惠及了所有人。以前很难负担得起的东西，现在变得价廉、货源充足，甚至低下阶层的生活也轻松、舒适了许多。在中世纪时，英国国王曾经向一位贵族借来一双丝绸袜子，以便穿上这袜子接见法国使者。甚至伊丽莎白女王在 1560 年也非常高兴和惊奇地收到这样的新年礼物：第一双丝绸袜子（《迪斯累利》，1，332）。但今天，每一个商店售货员都可以拥有这样的东西。在 50 年前，贵妇人穿的是现在的女佣穿的印花布连衣裙。如果机械产业能以这样的进步速度持续一段时间，那就几乎会节省了全部人力，就像现在马的劳作已被免除了一样。这样的话，我们就可以想象会产生某种普遍的人类精神文化——但只要大部分人仍然必须从事艰苦的体力劳作，那这就是不可能的事情，因为肌肉力量和情感力量无论任何时候任何地方，无论普遍而言还是单个而论，都总是相互对立的，恰恰就是因为这两者的基础都是那同一样的生命力。再者，因为"技艺会移风易俗"，所以，那大的战争和小的斗殴，或者决斗，或许就会完全从这一世界消失，正如这两者现在已经稀有得多。但在此，要写出一个乌托邦并不是我的目的。

但除了所有这些理据以外，我们还要提到那些反对废除奢侈品和反对平均分摊所有的体力劳动的论据，即人类大众无论何时何地都永远需要领导者、指引者和顾问——这些领导者根据不同的情势而以不同的形态出现。他们就是法官、管理者、将军、官员、神父、医生、学者、哲学家，等等。所有这些人的任务就是引领那绝大多数都是相当缺乏能力的、虚妄颠倒的人走过那人生的迷宫。因此，这些人根据自己的位置和能力而获得了对人生迷宫或大或小的总览。那么，这些领导者免于体力劳作，也免受一般的匮乏或者不适之苦，甚至根据他们所做出的伟大得多的成就而比普通人拥有更多和享受更多，就是自然的，也合乎公平的。甚至批发商人也应列入这得到了豁免的领导者阶层——只要这些商人老早就预见到大众的需求并为此需求而未雨绸缪加以解决。

126

关于一个民族的君权问题，归根到底就是是否有人从一开始就可以有权在违反这一民族意志的情况下统治这一民族。我认为在理性上是无法这样宣称的。人民当然就是君王，但这君王却永远是个未成年人，因此必须受到监护，而不能单独行使其权力，否则无尽的危险就会接踵而至。尤其是这种君王就像所有的未成年人一样，轻易就成了诡计多端的骗子和流氓的玩物。这些骗子和流氓也正因此被称为蛊惑人心者。

伏尔泰说过：

第一个国王是一个幸运的战士。

当然，所有的王侯在当初都曾经是胜利的队伍的首领，并在长时间里以这样的身份行使统治。在他们有了常备军队以后，就把人民视为维持他们及其军队的手段，并因此视为需要看管的羊群——这样，这羊群才会提供毛、奶、肉。这都是因为（在接下来的章节里做更深入的讨论）天然地和原初地，统治这一地球的是武力，而不是公理（或说权利）。因此，武力有"先占领者的权利"的优势。所以，武力是永远不会无效的，是不可以真正解除的，而且是永远都不能缺席的。我们只能希望和要求武力站在公理（或说权利）一边，与公理结合在一起。因此，君王说：我统治你们，通过武力或权力，但在这方面，我的权力是排他性的，不会还有其他别的权力，因为我不会容忍在我的权力（武力）旁边还有其他权力（武力）——不管这是外来的还是内部的一方攻击另一方。所以，你们就勉强忍受我的权力（武力）吧。正因为这一切就是这样过来的，随着时间及其进步，从原来的君主政体就进展成了某种别样的东西，原先的概念就隐退了，人们只是有时瞥见其就像鬼魂一般一闪而过。也就是说，取而代之的是国父的观念，而国王就成了扎实、牢不可破的支柱，整个法律秩序和通过此秩序所有人的权利就唯一以此作支撑并得以存在下去。[1]但国王也只能是因其与生俱来的特权而做到这些。他的这一特权给了他，也只是给了他某种无人能有和能及的权威，这权威是不可以遭受质疑和攻击的。的确，每一个人都本能一样地服从这一权威。所以，这国王称为"受神恩典"是有理由的，他是国家里面最有用处的人，他的贡献是国王的年俸无法回报的——不管这年俸有多丰厚。

但马基雅弗利也是完全明确地从有关君王的第一个、中世纪时期的概念出发，以致他认为这一概念是不言自明的，他也没有对此概念加以解释，而是假定了人们对此概念已经是心照

---

[1] 斯托拜乌斯《选集》，44，41（第2卷，第201页）中：波斯人那里有一个习俗：当国王死了，就有5天的无政府状态，这样，人们就可看到国王和法律原来是价值巨大的。

不宜的。马基雅弗利也就在此基础上给出他的建议。总的来说，马基雅弗利的书只是从当时普遍盛行的实践追溯其理论，然后系统、连贯地表达出来。这样，他的书就以其完美，以其新颖的理论形式获得了迷人的声望。顺便一说，这后面所说的也适用于拉罗什福柯的不朽小书《箴言》。但《箴言》的主题却是私人的生活，而不是国家、公众的事情，并且《箴言》不是给出建议，而是写出了拉罗什福柯的观察和评论。人们可能会批评这本精彩小书的书名，因为这本书的大部分既不是箴言和格言，也不是反省和思考，而是拉罗什福柯对人的发现和洞察，所以，这书应取这样的名字。此外，马基雅弗利的书本身有不少内容也是适用于私人生活的。

127

公理（或说权利）就其本身而言是不具有强力（武力）的，本质上强力（武力）才是主宰。那么，如何把强力（武力）与公理结合起来，通过强力（武力）让公理成为主宰，这就是国家治理技巧所要面对的难题。这可是个有相当难度的难题。要认清这一点，那我们就只需想到几乎每一个人都胸怀无边的自我，此外，通常还加上那日积月累起来的憎恨和恶意，以致本来就是"争吵"远远压倒了"爱意"；还有就是要把数以几百万计这样的人控制在秩序、平和与安宁之中，而与此同时，每个人本来都有权利向别人这样说："我并不比你差多少！"考虑到所有这一些，我们必然会对此感到不可思议：这世界上总体来说是如此宁静与平和、合法与有秩序的，就像我们所看到的那样。这当然唯一只能依靠国家机器。这是因为始终只有自然的强力才会直接发挥作用，因为一般来说人们也只会感受自然的强力和对其产生敬意。如果要在经验中验证这一点，那我们就一下子废除所有的制约，以最清晰和最有力的方式告诫人们要理性地、公正地、但却是违反他们自己的利益行事——这样，只有道德力量是无能为力的就会明显显现出来，因为我们得到的回应通常只是几声嘲笑。所以，只有自然的强力才可以让人产生敬意。但这强力原本是在大众那里的，是与无知、愚蠢和不义结伴在一起的。因此，国家治理技巧的任务首先就是，在这样困难的处境下，让自然的强力屈从于智力，屈从于精神思想的优势，成为服务于此的工具。但如果这智力本身并没有与公正和善良及良好的目的相结合，那如果这样成功了，结果就是这样的国家是由欺骗者和被欺骗者所组成的。但这会逐渐随着民智的进步而暴露出来，无论人们如何设法加以阻止，然后就会引致革命。相比之下，如果智力伴随着公正和善良的目的，那就会产生出按照总体人事的标准算是完美的国家。很有助于达成此目的的不仅是公正和善良的目的，而且还要可以证明这些和公开展示这些，并因此需要给出官方汇报和得到公开监管。但需要注意的是：由此而来的更多人的参与，会让偌大一个国家对内、对外发挥作用的统一权力有损其集中和力度，而这却是共和国几乎总是会有的情形。因此，通过国家的形式满足所有这些要求是国家治理艺术的最高任务。但在实际中，却要考虑到具体的民族及其特性，因为这些作为原材料，其素质始终会影响到成品的完美。

如果政府管治能够尽可能地完成其任务，把国内的不义尽量减至最少，那就已经永远是很大的成就了，因为要扫除所有不义，不留任何残余，只是理想中的目标，我们也只能接近达到这一目标而已。也就是说，那些不义从一边被逐出，又会从另一边悄悄爬回来，因为不义深深地植根于人的本质。人们努力通过宪法的人为形式和完善的法制来达到这个目标，但那就像数学中的渐近线，因为固定的概念永远不会穷尽所有的个别情形和套用在每一个个体，因为这些概念就像马赛克图画的石头，而不是油画的细腻笔触。此外，所有的试验在此都是危险的，因为人们面对的是至为麻烦的材料：人类。操控这种材料几乎就像操控高烈度炸药一般的危险。在这方面，对国家机器而言，新闻和出版自由当然是相当于蒸汽机的安全阀门，因为所有的不满由此通过言词而发泄；如果那些不满并没有多少实质性的东西，那就的确经发泄而竭尽。如果真有这样的新闻和出版自由的话，我们及时知道这些不满以做出补救，那是好事。这要比捂着怨气好得多：这些捂着的怨气就在那发酵、膨胀，膨胀得越加厉害，直至终于轰然爆炸。但在另一方面，新闻、出版自由可被视为一纸贩卖毒药的许可证，这毒药毒害的是心灵。这是因为又有什么东西塞不进那既没有见识又缺乏判断力的大众的头脑？尤其是向他们诱之以利的话。而一旦给他们的脑袋灌输了某种东西，那又有什么坏事是他们做不出来的？所以，我担心的是新闻和出版自由所带来的危险更甚于其好处，尤其是人们的申诉都可循法律的途径。但无论如何，新闻、出版自由应有的条件是严禁一切匿名言论及其发表。

总的来说，我们甚至可以提出这一假设：权利与某些化学物质是类似的构成，即无法纯粹和分离地展现出来，而顶多不过是掺和了些微的东西，而这些东西就是其承载物或者给予了所需的牢固性和稳定性，如氟，甚至酒精、氰化氢，等等。因此，权利也一样：如果权利要在真实世界中立足，甚至能普遍地存在，就必然需要某一些微的专横和武力的附加物，目的就是要让权利能够在这一现实和物质世界作用和长存，而不会烟消云散，就像赫西俄德所遭遇的情形——尽管权利这东西的真正本质只是观念性的，并因此是缥缈的。所有的出生权，所有的继承权，每一种国家宗教和许多其他，都可被视为这样一种必不可少的化学基础或者合金，因为只有基于这样一种专横加固了的基础，才可以让权利得到伸张和连贯地实施。所以，那就好比"给我一个支点"的权利。

林奈那人为的、任由人意而挑选、分类的植物体系是任何自然的植物体系所代替不了的，无论这一自然体系是多么的与理性相符，也无论其如何多次的反复试图与理性相符，因为这一种体系永远无法给出那确定和稳固、扎实的定义，而这是人为的和任由人意的体系所具备的东西。同样，就像上述所表明的，国家宪法的人为和任由人意定出的基础是任何某一纯粹自然的基础所代替不了的。也就是说，那纯粹自然的基础要抛弃上述的条件限制，要把产生的特权由个人价值的特权所取代，要把国家宗教由理智探究的结果所取代，等等。这是因为尽管所有这些是与理性相符的，但却欠缺那确定和扎实的定义，而只有这些才可唯一确保国家的稳定和维护全体国民的福祉。一部只是体现了抽象的权利的国家宪法，对人以外的其他生物可能是很不错的，因为绝大部分人都是极为自私自利、不公不义、没有体恤之情、撒谎成性，甚至不时是恶毒的，并且还只有差劲的智力配备，所以，就有必要由一人集权力和强力于一身，其本身则超然于法律和法规、不受问责的；所有人都服从其权力和强力，把这人视为属于更高的一类，是受神恩典而成的统治者。也只有这样，人类才能从长远得到约束和治理。

相比之下，我们看到在北美的美利坚合众国，人们试图完全不要所有这些任由人意的基础，亦即让完全不掺杂质的、纯粹抽象的权利来统治。只不过，这结果并不诱人，因为虽然北美物质富饶，但我们发现那里普遍的思想意识却是低级的功利主义，连带其不可避免的伴侣——无知；而这无知就为那傻乎乎的英国圣公会的盲目信仰、不知所谓的自负、粗野的蛮横以及幼稚的崇敬女人铺平了道路。但更糟糕的事情却在那里习以为常地发生，亦即令人发指的奴役黑人，以及极度残忍地虐待奴隶、不公义地镇压自由黑人、私刑、经常性发生的暗杀而又不受惩罚、闻所未闻的血腥决斗、不时地公开嘲笑法律、拒付公债、政治上无耻哄骗相邻的州并随后进入其富饶地区抢掠，然后就必须由上头用不实的谎言加以掩饰，但每个人却都知道这些就是谎言，并且发出嘲笑。还有就是那越演越烈的暴民统治。最后就是高层上述的拒绝正直和诚实对国民私德所产生的极其恶劣的影响。所以，在地球另一边的纯粹权利宪法的试验品真没为共和国说了多少好话，它在墨西哥、危地马拉、哥伦比亚和秘鲁的模仿品就更没有什么值得称道的东西。共和国还有这样一个很特别和似非而是的缺点：在这些国家里，有出色头脑的人更难达至高位并从而发挥直接的政治影响力，这是与君主制国家相比较而言的。这是因为无论在哪里，那些思想狭隘、无力和平庸的人都总是联合起来反对具有出色头脑的人，视他们为天然的敌人；或者都会凭直觉而团结起来，这些出类拔萃者由于共同的害怕而紧紧地抱团。这些人总是人多势众，在共和国宪法的国家中，轻而易举就会成功压制和排挤掉那些头脑出众者，目的就是不要让他们把自己比下去。在每个人都有同样的原初权利的情况下，这些人对抗那些杰出者，甚至是五十对一之比。但在君主制国家，这些狭隘头脑的人针对有能力者而普遍和自然组成的联盟却只是单向存在，亦即只来自下层；但从上层，具有理解力和才干的人则自然获得说项和保护。这是因为，首先君主的地位是高高在上的和稳固的，并不会惧怕有能力者。此外，君主本人更多的是通过其意志而不是通过其智力为这个国家服务，因为他的智力对那许多的要求是永远力不胜任的。因此他必须使用别人的头脑，并且考虑到他的利益是与这个国家的利益紧密不可分离地合为一体，他会更喜欢和更优待最有能力者，因为这些人是他最好使的工具——只要他能慧眼识才就可以了；而这也不是那么的困难，假如他求才若渴的话。同样，那些大臣也比那些未来的政治家高出一大筹，以致不会带着嫉妒看待他们，并因此出于同样的原因很愿意为了利用其才干而挑选出色的人才，听其发挥。所以，在君主制国家，头脑优秀的人才始终比在共和国更有机会对抗其无处不在的死敌——愚蠢。这可是一个巨大的优势。

　　总的来说，君主制的政体形式对人来说是自然的政体形式，几乎与动物是一样的情形：例如蜜蜂、蚂蚁、飞行中的鹤类、跋涉中的大象、结伙出去猎食的狼群及其他动物。所有这些动物在行动中都有一个领头的。人的每一次伴随危险的行动，每一次军事行动，每一艘大船的行进，都必须听命于一个统帅的指挥，无论在哪里都必须有某一意志作领导。甚至动物性的机体也是君主制的构成：脑髓才是唯一指挥者、统治者。虽然心脏、肺部和胃部对整个机体的持续存在做出了更多的贡献，但这些市侩和小市民却不会因此而发挥领导和指引作用，因为领导和指引唯独是脑髓的事情，必须从一个点发出。甚至行星体系也是君主制的。相比之下，共和国的制度对人来说却是违反自然的，对于高级的精神生活，亦即对于艺术和科学同样是不利的。与所有这些相应，我们发现在这地球上无论何时何地，无论那些民族是文明进化了的抑或是野蛮的，或者处于这两者之间，都总是以君主制统治的。

　　多人统治并不是好事，应该只有一位统治者，只有一位君王。

——《伊利亚特》，2，Ⅱ，204

　　我们看到无论哪里无论何时，那数以百万计的人，甚至数以亿计的人会臣服于、心甘情愿地听命于一个人，有时甚至听命于一个妇人，或者暂时性地听命于一个小孩——这种事情又怎么可能发生呢，如果在人们的心中不是有着某一君主制的本能在驱使人们做出那被视为适宜的事情？这是因为这种事情并非出自理智思考。各个地方和地区都有一个君主，其尊严一般来说都是世袭的。这君主就好比是那全体人民的拟人化身或标记符号，是全体人民在这君王那里化身为个人了。在这一意义上，这君王可以理直气壮地说出"国家就是我，我就是国家"（法语，l'étatc'estmoi）。正因此，我们看到莎士比亚的历史剧中，英格兰国王和法国国王彼此以"法国"和"英国"相称，奥地利公爵也被称为"奥地利"（《约翰王》，第3幕，第1景），他们俨然以肉身体现了他们的国家和民族。这是符合人性的，也正因此，那世袭的君王及其家庭的兴旺是与其国家分不开的，而通过选举上去的却通常不是这样的情形，例如，我们可看看实行教皇世俗统治的国家吧。中国人也只有君主制的概念，共和国是什么玩意中国人是不明白的。1658年，在中国的一个荷兰公使团不得不把奥兰治亲王说成是他们的国王，因为不然的话，中国人就会把荷兰视为一帮群龙无首的海盗的窝点（详见让·尼尔霍夫著《荷兰东印度公司使节团访华纪实》，让·勒·夏庞梯尔译，莱顿，1665，第45章）。斯托拜乌斯在他的书中一章里以这样的话作题目："论君主制就是最好的体制"（《自然哲学文选》，第2卷），在这里，斯托拜乌斯收集了古人关于君主制好处的最好段落。共和国恰恰就是违犯人性的，是人为的和经过思考以后的产物，因此是整个世界历史中少有的例外，亦即只有那小小的希腊地区的共和国、罗马共和国和迦太基共和国，并且其条件都是其国民的5/6，或许甚至 7/8 是由奴隶组成的。甚至在 1840 年，在美利坚合众国，在 1 600 万居民中有 300 万是奴隶。此外，古代共和国的维持时间与君主国相比是相当短暂的。总的来说，共和国容易建立起来但却难以维持，而君主制则刚好相反。

如果人们想要一个乌托邦的计划，那我就会说：解决问题的唯一办法就是由真正贵族中的智慧和高贵的人实施专制统治，这些人则通过生育的途径而获得：由最高尚、最高贵的男子与最聪明、最有思想的女人结成婚姻。这里建议的就是我的乌托邦，是我的柏拉图的理想国。

君主立宪制的国王，毫无疑问相似于伊壁鸠鲁的神祇，因为那些神祇并不掺和到人事中去，心平、气和、愉快地安坐其天上。但这些现在却一下子成了时髦。在每一个德国的小侯国，都完整列出了英国宪法的仿制品，还有那上议院和下议院，一直到《人身保护法》和陪审团制度。这些东西是出自英国人的性格和英国的国情，在具备这两者的前提下，这些英国人的形式对英国人是适宜和自然的；但同样自然的是，德国人被分成许多部族，由许多诸侯真正行使管治，而在所有这些诸侯之上则有一个皇帝在国内维持和平，对外则代表着统一的王国，因为这些是出自德国人的性格及其国情。我认为如果德国不想遭遇意大利的命运的话，那就必须恢复，并且尽量有效地恢复那被波拿巴一世废除了的国王的尊严。这是因为德意志的统一维系于此，没有了德皇的尊严，德意志的统一就是有名无实的，不安全的。但因为我们不再是生活在根特·冯·施瓦茨伯格的时期——那时候，选择国王可是一件很严肃的事情——

所以，我们国王的位子可以轮流传给奥地利和普鲁士，在其有生之年都可以维持。不管怎样，小国的绝对君权是虚幻的。拿破仑一世为德国所做的，正正就是奥托大帝为意大利所做的，亦即把德国分成许多独立的小国，所根据的原则就是"分而治之"。英国人在这方面表现出了他们那伟大的理解力：牢牢地和神圣地保持着他们古老的制度、机构、习俗，其顽固坚持甚至到了有可能太过和可笑的地步。这正正是因为那些古老的东西，并不是在无所事事的头脑中想出来的，而是逐渐诞生于情势之力和生活的智慧本身，因此适合他们的国家。相比之下，不通世故的德国佬却盲目听从其学校老师的说法，非得穿着燕尾服走动不可，其他别的都是不得体的。因此，他们软磨硬泡地从父亲那得到了这大礼服。在穿上这礼服以后，其笨拙的举止和有失协调的气质让他们看上去相当的滑稽。但这礼服对他们是太过紧身和不舒服，尤其是很快就要穿着这些衣服坐在陪审席上。这陪审员制度源自最野蛮的英国中世纪，源自阿尔弗雷德大帝时期，因为那时候，能够阅读和书写就足以被豁免死刑。这是刑事审判庭中的最糟糕者。也就是说，坐在审判席上的不是有学问知识、有经验的刑事法官，不是每天都在破解那些小偷、流氓、谋杀犯所惯用的伎俩而花白了头发，并因此懂得个中巧妙的人，而是那些裁缝和手套缝制工。现在，这些人就要以他们那笨重的、粗糙的、未经锻炼的、有欠灵活的，甚至还不习惯于集中注意力稍长一点时间的头脑智力，从那层层的谎言和假象中找出真相，而与此同时，这些家伙脑子里盘算着的却是他们的布匹和皮革料子，最想尽快回家。他们对很有可能与确实肯定之间的差别完全没有清晰的概念，相反，他们愚蠢的头脑中自有某种"微积分概率"——据此，他们就放心大胆地判定别人的罪责。[1]但人们却以为这些人就会不偏不倚。这些"心有恶意的庸众"真的就是不偏不倚？对于这些与被告同属一个阶层的人，与法官相比，亦即与跟被告完全是陌生的、生活在与被告完全不一样的领域、不会有被免职之虞的、意识到自己的官员荣誉的法官相比，我们担心其偏颇，难道不会是十倍于对法官吗？把针对这国家及其首长的犯罪，以及违反出版法的事情交由陪审团去判定，那就好比是让羊群看管菜园。

128

无论在任何地方，也无论在任何时候，人们都会对政府、法律和公共安排有诸多不满，但这大都只是因为人们总是随时把人的存在本身所必然带有的痛苦归因于政府、法律，等等，因为用神话来说吧，这是亚当受到的诅咒，并经由亚当祸及整个人的种属。但把这一假象做得如此充满谎言和如此放肆大胆，却是"当代今天"的那些蛊惑人心者。也就是说，这些蛊

---

[1] 对这些人，可用上萨缪尔·约翰逊对某个军事法庭的评论。这个军事法庭把人召来，对一件重要事情做出裁决，约翰逊对此法庭并没有什么信心，说在这法庭的成员里面，或许没有一个曾经在其一生中单独花过哪怕只是一小时思忖过有关可能性和概率的问题（博斯威尔，《萨缪尔·约翰逊的一生》）。

惑人心者是乐观主义者，是基督教的死敌：这一世界对他们就是"本来的目的"，亦即就这世界本身而言，根据其特性和构成而论，这一世界就是安排得非常美妙的，是享受幸福极乐的一个合适居处。而这世界上让人触目惊心的巨大不幸，他们则全部归因于政府，也就是说，只要政府尽到责任的话，那地球上就会雨过天晴，亦即所有人就会无忧无虑地吃喝、拉撒、繁殖和咽气，因为这就是他们对其不断宣称的"本来的目的"和"人类的无限进步"的释义。

129

以前，主要撑起王位的是信（Glaube），现在则主要是贷（Kredit）。对于教皇本人，他那些虔诚信众（gläubige）并不会比他的债主（Gläubiger）更让他上心。以前人们哀叹世人的罪过（Schuld），现在人们则惊恐地看着世人的债务（Schulden）；并且正如以前人们预言了审判日，现在人们预言了将来的伟大的"拒付债务"、国家的总体破产，但却同样充满信心地希望他们本人或许不会看到这一天的。

130

财产权虽然在伦理上和理性上都比世袭权有坚实得多的基础，但财产权与世袭权却是相关连并合为一体的，因此，我们难以把世袭权砍掉而又不会危及财产权。这个中的原因就是：

大部分的财产都是继承过来的，所以也是某种世袭权，正如古老的贵族那样：只是使用其祖传财产的名字，亦即只通过这名字表达了他的财产。据此，如果所有的财产拥有者是精明的，而不是一味地嫉妒，那他们也会拥护维持世袭权。

所以，这样的贵族就有双重的用处：一方面帮助支撑了财产权，另一方面则支撑了国王的世袭权，因为国王是这个国家的贵族之首，并且国王对待贵族一般来说就像是对待某一低微的亲戚，其方式是完全有别于平民的，哪怕这平民被委以了高位。国王最信任的人，其祖先大都是国王的首席大臣，始终是国王的祖先最身边的人——这是很自然的。所以，一旦某一贵族受到君王的猜疑，在向其再次表忠时，理直气壮地搬出他的贵族名号。当然了，性格是遗传自父亲的，我的读者知道这一点。没有意愿去看看那个人到底是谁的儿子，这是狭隘和可笑的。

131

女人都有挥霍的倾向——少数情形除外。所以，必须确保每一现有的财产免受她们的愚蠢的侵害——除非是某些稀有的情形，亦即女人自己挣得了财富。这也就是为什么我认为女人永远没有完全达至成年，应该始终受到男人的真正监督，不管那监督是来自父亲、丈夫、儿子，还是国家，就像印度那样；女人因此永远不可以擅自地、专横地支配并非她们挣来的财富。至于让母亲甚至可以成为指定的监护人和管理者，以负责父亲留给孩子的财产，我认为是无法原谅、极有害处的愚蠢做法。最常见的情形就是，这个女人会与她的情人一道大肆挥霍掉孩子父亲着眼于他们而毕生打拼挣来的东西——至于她与他结婚与否都是一样的。荷马老爹已经给我们发出过这一警告：

> 你知道女人的心里是什么样的态度吗？
> 她只会给一起生活的男人的家里添加东西，
> 但那些孩子，还有亲爱的丈夫
> 在死去以后，她却不会再度想起和过问。

——《奥德赛》，15，20

在丈夫过世以后，生母常常就成了继母。一般来说，也只有继母是如此名声恶劣，以致有了"继母一样"的形容词，但人们却从来不会说"教父一样"。在希罗多德（《历史》，4，154）的时代，女人就已经有了这样的名声，她们也晓得保留这一名声。不管怎样，女人永远需要监护人，所以永远不可以成为监护人。但总的来说，一个不爱她的丈夫的女人，也不会爱与他生下的孩子——也就是说，在那只是本能的、因此并不可以归于道德方面的母爱过去以后。再有，我认为在法庭里，"在一般的同样的情形下"，一个女人的证词的分量应该不如一个男人的证词，例如，两个男人的证词就与大概三个或四个女人的证词具有同等的分量。这是因为我相信，女性的群体每天向空气中喷出的谎言有男性的 3 倍之多，并且那假象做得如此真切和真诚，男人是望尘莫及的。穆罕默德信徒当然走到了另一极端。一个年轻的、受过教育的土耳其人，有一次跟我说："我们把女人只视为供播种的土地。所以，她信奉的宗教对我是无所谓的，我们可以娶基督徒，而不用要求她们皈依。"在我问到伊斯兰教的托钵僧是否可以结婚时，他说："那可是不用说的了，先知也是结婚的，不可能期望他们比先知更神圣。"

假设并没有假日，但却多了同样多的放假小时，那是否会更好呢？那一个无聊并因此是危险星期天的 16 小时将是多么舒适啊，如果这当中的 12 小时分摊给所有的周日！星期天的两个小时用于宗教静修总归是足够的了，人们几乎不会投入比这更多的时间，也更不会投入时间作虔诚默想。古人并没有每周一天的休息日。但当然，要为人们真正维持如此买来的每天两个悠闲小时和让其免受干涉是相当困难的。

132

那永远流浪的犹太人阿哈随鲁，不是别的，正是拟人化的整个犹太民族。因为阿哈随鲁对救世主犯下了重罪，所以，他就永远不会从这尘世生活及其重负中获得解救，并且无家可归地在陌生之地漂泊不定。这正好就是小小的犹太民族的流荡和命运。这也的确是够奇妙的：自那快要将近两千年以来，这民族被逐出其居住地，却仍然存在，仍然居无定所地流浪，而其他许多伟大和显赫的民族，诸如亚述民族、米提亚民族、波斯民族、腓尼基人、埃及人、伊特拉斯坎人却已永恒安息和完全消失了。而与这些民族相比，那小角落民族简直不提也罢。所以，时至今日，这些"难民"，这在各民族当中的没有土地的约翰，这个流落世界各处、无处是家园而又无处是陌生之地的民族，却以非比一般的执拗宣示其民族性，念念不忘亚伯拉罕曾是作为外人居住在迦南地，但逐渐成了整块地方的主人，正如他的上帝所许诺他的（《摩西五经》，17：8）。他们也想在某处落足和扎下根子，以便终于成为一个国家，因为一个民族没有了国家，那就是在空气中游荡的球而已。[1]在这之前，犹太民族就像寄生虫一样依附在别的民族及其土地。但在此期间，犹太人却内心充满着对本民族的最强烈的爱国热情。这很明白地透过其牢固的团结一致而表现出来，他们所坚持的是人人为我，我为人人。这种没有国家的爱国主义比任何其他主义都更能激动犹太人的心。一个犹太人的祖国就是其余的犹太人，所以，他会为其余的犹太人而战，就像是"为了祭坛和壁炉"而战，而这地球上没有任何一个民族像他们那样紧密地团结在一起。由此可知：想要让他们参与部分的政府统治或者参与管理某一州或国家，该是多么荒谬的念头。犹太人的宗教本来就是与他们的国家融合为一体的，对于他们并不是首要的大

---

[1]《摩西五经》（图书 4，第 13 章以下；图书 5，第 2 章）给了我们一个很有教益的例子，详解了在地球上逐渐移民的过程，也就是那些游牧民族如何试图挤走那些已经几代定居在那里的民族，占领那很好的土地。最近同一类举措就是迁徙到美洲，或者更准确地说征服美洲，并且的确就是持续驱赶、挤压美洲的印第安人，还有在澳大利亚的同样行动。犹太人在那被赞美的土地定居下来的方式和罗马人在意大利定居下来的方式，在本质上是同样的，亦即那迁徙过来的民族与其之前的邻居持续作战，并最终征服了他们。只不过罗马人的征服行动要比犹太人大得多而已。

事，而只是维系他们的纽带，是他们的"集合点"，是他们可以辨识的军旗或帽徽。这一点也表现在：甚至接受了洗礼的犹太人，也一点都不会招来其余犹太人的憎恨和厌恶，而这与犹太人以外的所有叛教者是大有不同的。一般来说，就算是受洗的犹太人，也不会不再是其他犹太人的朋友和同志——除了某些正统派以外——和不会不再视他们为自己的真正同胞。在一些犹太人定期的、庄严隆重的、必须有 10 人一起参见的祈祷仪式时，如果少了一人，那接受了基督教洗礼的犹太人甚至可以因此参加，但其他的基督徒却不可以。所有其他的宗教行为也是如此。如果基督教完全衰落并终结了，那事情就更清楚了，因为那时候，犹太人并不会因此而停止作为犹太人分开和为了自身而团结与存在。因此，把犹太人视为某一宗教的教派是一个极度肤浅和错误的观点；但如果为了维护这一观点，用某一从基督教教会那里借来的用语，把犹太教描述为"犹太教派或信仰纲要"，那这用语就是一个根本性的错误，其目的就是误导，是绝对不可以允许的。而"犹太民族"则是准确的称谓。犹太人并没有信仰纲要，单一神教属于他们的民族性和国家宪法，对他们是不言自明的东西。的确，一般人都知道，单一神教与犹太教是可以互换的概念。那与犹太民族性紧密相连的、人们都知道的缺点是至为突出的——而神奇地缺乏所有这些缺点的话，那就可以用"害羞"或"难为情"表达——虽然这缺陷在这世上或许比起任何积极的素质都更有助力。把这些缺点主要归因于犹太人所承受的长期的、不公正的压迫，虽说可以原谅他们，但却无法消除这些缺点。对那些理性的犹太人，他们抛弃了古老的神话、胡扯和定见，经由洗礼而走出了那不会给他带来荣誉和优势（虽然在某些例外情形中会有某些优势）的组织，我是绝对赞扬的，就算他们对基督教的信仰并不是那么的认真。每一个年轻的基督徒，在坚信礼上背诵其信条时，不就是这样的情形吗？但为了免除他的这一步，以最温和的方式终结这完全是悲喜剧式错乱的世界，那肯定是最好的手段，就是让犹太人与基督徒通婚，甚至鼓励人们这样做。对此，教会是无法反对的，因为这有使徒本人的权威（《哥林多前书》，7：12—16）。这样，一百年以后就只剩下很少的一些犹太人。那鬼魂很快就要被驱除，阿哈随鲁就要被埋葬，上帝选定的民族就将不知道现在在哪里了。但如果人们把解放犹太人做过了火，以致他们获得了国家权利，得以参与基督教国家的管治，那这求之不得的结果就有可能挫败。这是因为那时候他们才更要爱做和继续是犹太人。至于他们与其他人一道享有同样的公民权利，则是正义所要求的。但让他们参与国家大事则是荒谬的，因为他们是并将始终是外来的、来自东方的民族，所以必须始终视为定居下来的外来陌生人。大概25年前，英国国会就解放犹太人进行了辩论，一个发言者假设了这样一个情景：一个英国犹太人来到了里斯本，碰到了两个饥寒交迫的人，而他却只力所能及地救助其中一人。那两个人都是他不认识的陌生人。其中一人是英国人，但却是基督徒，而另一个是葡萄牙人，但却是犹太裔。那他会救谁呢？我相信任何一个明白的基督徒和真诚的犹太人对答案是什么都不会有所疑问的。但这为让出权利给犹太人，给我们提供了准绳。

没有什么事情会像宣誓作证那样，宗教直接和明显地介入实际和物质生活当中去。这样一来，就让一个人的生命和财产取决于另一个人的形而上的信念，那可是太不好的事情了。那么，假如有朝一日，就像人们所担心的，各个宗教都衰落了，人们也都停止所有的信仰了，那宣誓又将会如何？因此，很值得花费工夫去探究宣誓是否有着某种纯粹道德上的含义，某种独立于所有确定的信仰、又能纳入清晰概念的东西；这种出自纯粹的、至为神圣的东西，可以超越普遍教会名目，虽然与宗教宣誓时的虚饰排场和铿锵有力的用语相比，这里面的道德含义会显得有点无华和寡味。

宣誓作证的目的，无可争辩地就是以道德的方式抗衡人们那太过常见的虚假和撒谎特性，采用的方法就是通过某种在此产生的不一般的顾虑，增强了人们要说出真话的道德责任，让人们活生生地意识到这一获得认可的道德责任。我将试着根据我的伦理学，弄清晰这种突出责任里纯道德的、不带有任何超验的和神秘性东西的含义。

我在我的主要著作第1卷第62节第384页（第3版，第401页）、我的获奖论文《论道德的基础》（第17节，第221—230页；第2版，第216—226页）则更是详细地提出了这一似非而是、但却是真确的命题：在某些情形里，人们是有权撒谎的。我以详尽的说明和证明对此命题予以了支持。这些情形包括，（1）那人有权对另一人动用武力；（2）当那人被他人完全没有合理理由地问到了一些问题，而造成了无论是拒绝回答还是真诚给出回答都会危害到自己的利益。正因为在类似这些的情形下，当事人肯定有其正当理由说出不实的东西，所以，在一些重要的事情上面，要做出的决定是取决于一个人所作的陈述，也例如在做出一些承诺、而这些承诺是否兑现又是至关重要的时候，就需要当事人首先做出直截了当和郑重其事的声明：他承认在此并没有上述的情形，因此也就是知道和明白在此他没有受到武力对待或者威胁，而只是法律在主宰；同样，他承认被问到的问题是合理的；最后，他也意识到了所有的一切，都取决于他现在对这问题所作的回答。这一声明包含了这样的意思：如果他在这样的情形下撒谎，那他是清晰地意识到在做出某一严重不公的事情，因为他站在那里，人们相信他是诚实正直的，现在就把定夺这次事情的权力交到了他的手中，而他既可以做出公正也可以做出不公正的事情。如果他现在撒谎，那他清晰地意识到他就是这样一个人：在拥有自由的权力的时候，经过冷静的思考而运用这权力做出了不公正的事情。发假誓就给出了关于他本人的这一证词。与此相关的还有这一点：正因为没有人真的不需要某种形而上学，所以，每一个人心里都有这样的确信——虽然这确信不是那么的清晰：这世界并不只是有其自然的、物质上的含义，而同时也有着某种从某个角度而言的形而上的含义；并且在形而上的含义方面，我们个别的行为只是根据其道德性所得出的后果，与由于经验性的效果而得出的后果相比是大有不同的，前者也比后者重要得多，因此的确有其超验的意义。关于这一点，我建议读者阅读我的获奖论文《论道德的基础》（第 21 节）。我只补充这些：一个人如果否认他自己的行为除了以经验为根据的含义以外，还会有任何其他含义，那在做出这一宣称时总免不了感觉到内心的抵触和免不了控制一下自己。要求一个人宣誓作证，那就是明确地要把这人置于这样一个处境，让他在这一意义上作为单纯的道德生物，意识到他以这身份做出的决定对他自己本人所具有的高度重要性。这样的话，所有其他考虑对他来说现在就都大为减少，直至完全消失。在这期间，那被激活起来的确信，即确信我们的存在有着某一形而上的，同时也是道德上的意义，到底只是模糊地被感觉到了，抑或这一确信是裹着各种神话和寓言的外衣，并因此是生动、有活力的，抑或那一确信已成了清晰的哲学思想——这些都是不重要的。由此可以再度推论：这里的关键并不在于宣誓作证的方式是表达这种或者那种的神话关系，抑或是完全抽象的，就像在法国所惯用的"我发誓"。宣誓人所采用的宣誓方式必须根据这宣誓人的智力构成而定，正如也是根据其实在和具体的信仰而定。对宣誓作证这事情如此审视的话，那一个人就算不信仰任何宗教，也是完全可以宣誓作证的。

论艺术的内在本质

不仅只是哲学要努力解开存在的难题，优美艺术从根本上也是如此。这是因为每一个有思想的人，一旦专心致志于纯粹客观地察看这一世界，某种要抓住事物、生活、存在的真正本质的倾向就会骚动和活跃起来，尽管这种倾向有可能是潜藏的和无意识的。这是因为对这些感到兴趣的，只有具有如此智力的人，亦即智力摆脱了意欲的目标的人，那也就是认知的纯粹主体，正如那些作为单纯个体的认知主体，唯独只对意欲的目标感到兴趣。因此，对事物的每一纯粹客观的、因而也就是艺术的理解成果，更多的是关于生活和存在本质的表达，更多的是对这问题——"生活是什么？"——的回答。每一真正的和成功的艺术作品都以其方式完全恰当地回答了这一问题。不过，所有的艺术都只是以直观的质朴和小孩子的语言发话，而不是采用思考的抽象和严肃语言：艺术的回答因此是一幅稍纵即逝的图像，而不是某一永久的普遍知识。所以，每一件艺术品都给我们直观地回答上述问题，每一幅画作、每一座雕塑、每一首诗歌、舞台上的每一场景，甚至音乐也回答上述问题，并且回答得比所有其他艺术都要深刻，因为音乐以一种完全直接明白的、但却是无法翻译为理性语言的语言，表达了一切生活和存在的最内在本质。所以，所有其他的艺术都是把一幅直观图像摆在发问者的面前，并说道："看吧，这就是生活！"它们的回答尽管可能是恰当的，却始终只是提供了某种暂时的、而不是完全的和最终的满足。这是因为它们始终只是给出了某一片段、某一例子而不是给出了规律，并不曾给出了整体，因为要这样做就只能透过普遍性的概念。因此，为了概念，亦即为了思考和以抽象的方式，对那上述问题给出某一个因此永久的和持久满足的回答，就是哲学的任务。同时，我们在此就可看到哲学与优美艺术的亲缘关系是基于什么样的基础，并可由此推论哲学和艺术的能力在多大程度上，归根到底是同一的——虽然这两者在方向上和次要的方面相当的不同。

据此，每一件艺术作品其实都是在努力为我们展现生活和事物的真实样子，但由于客观的和主观的偶然性的迷雾，这些真实中的样子却不是每一个人都能直接抓住的。艺术就拿走了这些迷雾。

诗人、雕塑家和表演艺术家的作品，众所周知是包含了深刻智慧的宝藏：恰恰是因为在这些作品里，事物本质的智慧本身发话了，这些作品把这些证词只是通过清楚的说明和更加纯净的再现而演绎出来。因此，每一个读到了那首诗歌或者观看了那件艺术品的人，都当然必须以自己之力帮助发掘出里面的真理。所以，每个人只能领会其能力和教育所允许他领会的部分，就正如在深海里，一个水手只能让其铅锤下沉至这铅锤线绳的长度所允许的深度。每个人站在一幅画作的面前，就像是站在一个王侯的面前，要静候其是否跟他说话和要说些什么话；并且在这两种情况下，都不要自己先说话，因为那样的话，他就只会听到自己所说的而已。根据所有这些，表现性艺术的作品里虽然包含了智慧，但也只是"潜在地"或者"不言明地"；相比之下，把那智慧"事实上"和"明确地"提供给人们，则是哲学努力做的事情。在这一意义上，哲学与表现性艺术相比，就好比是酒与葡萄之比。哲学允诺提供的就好比是一笔已经实现的现款收益，一处坚实和永久的财产，而艺术成就和巨作给予我们的就只是某种随时要更新的东西。但作为交换，哲学不仅对巨作的创作者有着吓人的、难以满足的要求，对要欣赏这些巨作的读者也同样如此。因此，哲学著作只有小小的读者群，但艺术作品的读者群却很大。

上面讲了要欣赏艺术作品就需要观赏者参与和协作，部分理由就在于每一件艺术作品只能透过想象的媒介产生效果，所以，艺术作品必须激发起想象力，永远不要让想象力置身事外和无所事事。这是要产生美学效果的一个条件，并因此是一切优美艺术的根本法则。但从这同一条法则可以得出结论：不要把一切透过艺术作品全都给予了感官，而应该只是提供把想象力引往正确的路径所需要的；始终必须给想象力留下些许的，甚至最后要做的东西。甚至作家也必须随时留给读者一些东西供思考，因为伏尔泰说得很对：

变得让人厌烦的秘诀就是把一切说尽。

但除此以外，艺术中最好的东西是太过思想智力方面的，以致不能完全、直接给予感官：这必须诞生于观赏者的想象之中——虽然这是透过艺术作品而产生的。就是因为这个道理，大师的草图和速写经常会产生比上完了颜色的图画还要大的效果；这当然也有另一个因素所促成：这些速写是在有了构思的当下一下子就完成的，而那完工了的油画，因为灵感不会持续至这油画完工之时，所以就只能是在不断的辛劳、经过巧妙的推敲和持续的目的性才得以完成。从这所谈论的美学法则，也可以更进一步解释为何在蜡制人形那里，尽管对大自然的模仿可以达到极致，但却永远不会产生美学的效果和因此成为优美艺术的作品。这是因为蜡制人形没有给想象力留下任何发挥的余地。也就是说，雕塑给出的只是形状（形式），而没有色彩；绘画则给出色彩，但那形状（形式）却只是貌似的。所以，这两者都诉诸观赏者的想象力。而蜡制人形则给出了一切，同时给出了形状（形式）和色彩，真实的假象就由此而出，想象力也就无法参与其中了。相比之下，诗歌甚至唯独诉诸人们的想象力，只是通过字词让想象力活动起来。

随意玩弄艺术手段而又并不真正知道其目的则是拙劣的滥竽充数的根本特质。这一特质就表现在拙劣建筑中那些并不承载重量的支撑，那些漫无目的的螺旋饰和突出构件；表现在拙劣音乐中言之无物的华彩经过句和装饰音，连带那没有目的的噪音；表现在意思贫乏的诗歌里面叮当作响的韵脚，等等。

从之前的一章和我的关于艺术的整个观点可知，艺术的目的就是有助于人们认识这世界的理念（在柏拉图的意义上而言，也是我对理念一词唯一认可的含义）。但理念在本质上却是直观的，因此，在其更进一步的定义方面是无法穷尽的。所以，传达一个这样的理念，只能采用直观的方法，而这就是艺术的方法。具体地说，谁要是在脑际萦回着对某一理念的理解，那他选择艺术作为传达手段就是合情合理的。相比之下，单纯的概念是完全可以定义的，因此是可以穷尽的，可以清晰思维的，就其全部内涵而言，是可以通过字词而冷静、实事求是地传达的。但要把这样一个概念透过一件艺术作品来传达，则是非常多余的迂回方法，并的确属于我在上面所批评过的玩弄艺术手段而不知目的的行为。所以，一件艺术品如果从单纯的、清晰的概念构思而成，那无论如何就不是货真价实的。因此，假如我们在考察某一造型艺术的作品，或者阅读一部文学作品，或者聆听一段音乐（那段音乐旨在描述某些明确的东西）的时候，透过丰富多样的艺术手段，看到清晰、狭隘、冷静、客观的概念隐约可见，最终也突显了出来，而这些概念也就是这些作品的内核，这些作品的整个构思就是因清晰思考这些概念而起，在传达这些概念以后，作品的意涵从根本上也就耗尽——假如是这样，那我们就会厌烦和反感，因为我们感到上当了，我们的兴趣和关注被人骗了。只有在艺术品留下了某些我们无论对其如何琢磨都无法归纳为一个清晰概念的东西，我们才会对这艺术品所造成的印象感到相当的满足。那种只是出自概念的混杂起源，其特征就是艺术品的作者在制作他的作品之前，就能够以清晰的词语说出他的目的是要表现什么，因为那样的话，用它的那些话本身就可以达到他的目的了。所以，如果人们要把莎士比亚或者歌德的某一部文学作品归结为某一抽象真理，认为传达这一真理不过就是这作品的目的，就像时下人们常尝试做的那样，那就是很没有价值的，也是幼稚可笑的事情。艺术家们在编排其作品时当然是有思考的，但在这些思考之前他的那个想法、他所直观到的，才会在以后传达之时具有激发性之力，并因此成为不朽之作。在此，我忍不住想要说上这一句：确实，那些一气呵成的作品，就像上面已提到过的画家在灵感之时就构思完成、无意识地匆匆而就的速写和草图；同样地，未经任何思考、完全就像是灵感一样到来的旋律，最后还有哪些真正抒情的诗歌，单纯的曲谣，那深切感受到的此情此景和印象，与自动就有了韵律和节奏的歌词一道，就像是不由自主地、无意识地倾泻出来——所有这些，都有着成为瞬间灵感激情、天才自由冲动之作的巨大优势，而这里面并没有夹杂着目的和思考；所以，这些作品完全彻底地给人愉悦和享受，其作用效果比那些精工细雕、慢慢完成的最伟大的艺术品都要确实、可靠得多。也就是说，在后者那里，即宏大的历史画卷、长篇的史诗、伟大的歌剧，等等，思考、目的和深思熟虑的选择扮演了重要的角色：理解力、技巧和娴熟的经验必须在此填补天才的构思和热情所留下的空隙，各种各样必要的附带工作必须就像水泥一样把那事实上唯一真正光彩生辉的部分贯穿起来。由此可以解释：所有这样的作品，除了那些最伟大的大师的最完美的作品（例如《哈姆莱特》、《浮士德》、歌剧《唐璜》）以外，都无可避免地夹杂着某些肤浅和无聊的东西，而这些都多少减弱了其魅力。这方面的证明就是弥赛亚叙事诗、《被解放的耶路撒冷》，甚至《失乐园》和《埃涅阿斯记》。贺拉斯早就说过这大胆的看法："伟大的荷马也有打盹的时候。"但这种情况是人力有所不逮的结果。

有用技艺之母是困境，优美之母是盈余。但技艺的父亲是理解力，优美的父亲则是天才，而天才本身就是某种盈余，亦即超出了为意欲服务所需的认识力盈余。

我们的真正本质并不会因死亡而消灭

134

　　虽然我在我的主要著作中连贯地和详尽地讨论过这一话题，但我相信，对此话题补充一些零散的思考，对读者来说不会没有价值的，因为这些对我已作过的表述仍能给出更多、更清楚的说明。

　　我们需要读一下约翰·保罗的《塞里纳》，才可看到一个头脑至为出色的人，是如何与一个他不想放弃的错误想法及其荒谬之处纠缠不清、陷入苦斗的；他不想放弃这想法和概念，因为这想法合乎他的心意，但这想法中的那些他难以消化的杂乱和自相矛盾，又始终让他不得安宁。这里所说的想法就是在死亡以后我们那总体的个人特有的意识会持续存在。约翰·保罗那些纠结和矛盾恰恰证明了由真真假假的概念组合而成的诸如此类的东西，并不是有益的错误，就像人们所宣称的那样是肯定有害的。这是因为把灵魂与身体错误地对立起来的话，就正如把个人特性提高到据说是永恒存在的自在之物本身，那就不只是不可能得到真正的、建立在现象与自在之物的对照之上的，关于我们自身本质不灭和不受时间、因果性和变化的影响的知识。那些错误的想法和概念是绝对不可以确定为真理的代表，因为理性始终会重新抵制这里面荒谬的东西，然后就必然连同这想法把与这想法融合在一块的真实的东西也一并放弃。这是因为真理只能以其纯粹而长存：一旦混进了错误之中，这真理就会有了那些错误随时崩塌的缺陷，就好比花岗岩一旦风化了，就会裂开、坍塌，尽管水晶和云母不会受到类似的风化。因此，那些真理的代替品的处境很不妙。

135

在日常的交往中，有许许多多什么都要知道、但却又什么都不想认真了解的人；那如果被一个这样的人问到人死以后是否继续存在，那对此最合适的、也是最正确的回答就是："在你死后，你就将是你出生以前的样子。"因为这个回答隐含了这样的意思：要求那有其开始的存在方式永无尽头是荒谬反常的；此外，这个回答也暗示了或许有两种存在和与此相应的两种无。但同样，人们也可以回答说："不管你死后将会是什么——那或许什么都不是——那对你都会是自然的和适合的，就正如现在你个体的、有机的存在对你是自然的和适合的一样。所以，你顶多只需害怕过渡性的那一刻而已。的确，既然对事情深思熟虑以后得出的结果是：一种完全的'无'的存在（Nichtsein）会优于我们这样的存在，那停止我们这存在，或者我们不再存在一段时间——这想法在理性上就不会烦扰我们甚于设想我们从来就不曾诞生。那么，既然这一存在本质上是一个个体特性的存在，那这个体特性的完结因此就不要被视为某种损失。"

但在另一方面，假如一个人循着客观的和经验的路径，紧随物质主义的有说服力的线索，他现在极其恐惧地向我们发问，因为他直面的是死亡以后的完全毁灭，那我们或许可以极简捷地和符合他的经验理解的方式给予他安慰，亦即向他清楚地表明物质与暂时占据了这一物质的形而上的力的区别，例如，看看鸟蛋吧：一旦有了相适宜的温度，那蛋内同质的、不具形态的液体，就会呈现其鸟类种属的复杂和精确特定的形态。在某种程度上，这是某种"自然发生"：并且很有可能是在过去的远古时代和在某一机缘巧合的时机，从这蛋所属的动物类型跃升至更高一级，并由此形成了一系列逐级向上的动物形式。不管怎么样，某种与物质有别的东西至为明显地出现了，尤其是这东西只要环境稍稍不是那么的有利就不会出现。由此可以感觉到：在作用完成了或者后来受阻了以后，这东西也仍然可以无损地脱离物质——这就表明还有某种完全不一样的永恒，与在时间上持久存在的物质是有别的。

136

单一的个体并不是为永恒存在而设的，个体随着死亡而消失。但我们却不会因此而损失。这是因为个体存在的背后是另一种完全不一样的存在，个体存在就是那另一种存在的显现。

那另一种的存在并没有时间这回事，因此既没有永恒也没有消亡。如果我们想象出某一生灵是知道、明白和统揽一切的，那我们在死亡以后是否继续存在的问题，对这生灵而言很有可能就是没有意义的，因为那超越了我们现在的时间上和个体上的存在以外的继续存在或者停止存在，就不再是有意义的，就成了无法辨析的概念，据此，对于我们本来的和真正的本质，或者对于表现在我们的现象中的自在之物，死亡或者继续存在的概念是应用不上的，因为这些概念是从时间那借用过来的，而时间只是现象的形式而已。但我们却能把我们的现象的内核不可消灭想象为这一内核的持久存在，而且是依照物质的模式，而物质在形式的种种变化之下是恒存于时间的。那么，如果我们否认那内核是持久存在的，那我们就会根据物质的形式模式把我们在时间上的终结视为毁灭，因为一旦带着这形式的物质脱离了这形式，这形式也就消失了。但两者都是"从某一种类转移到另一种类"（亚里士多德，《论天》），亦即从现象的形式转移到自在之物。但对于那种不是持久存在的不可消灭，我们无法得到哪怕是一个抽象的概念，因为我们缺少直观表象以证明这抽象的概念。

但在事实上，可把那种新的存在物的形成和已有的存在物归于无视为某种幻象，是由两块打磨了的玻璃器具（脑髓功能）所造成的，也只有通过这一器具我们才可以看到某些东西。这器具就称为空间和时间并在其互相渗透的因果性当中。这是因为我们在这些条件下所感觉到和看到的一切，都只是现象；但我们却认识不到自在之物本身的，亦即在独立于我们的感觉和所见时的样子。这其实就是康德哲学的内核。在经过了这样一个时期以后，即那些待价而沽的江湖骗术透过其愚民过程把哲学逐出了德国，并且得到了那些视真理和思想为这世上无所谓的东西，而薪水和报酬则是性命攸关的人心甘情愿的帮助——我们无论如何经常地回忆起康德的哲学及其内容都不为过。

136（补充）

由于时间这一认识形式所致，人（亦即生存意欲在其客体化的最高级别的肯定）就表现为某一总是重新出生、然后死亡的生物种属。

这对个体死亡无动于衷的存在，并没有时间和空间这些形式，但所有对我们而言真实的东西都是显现在时间和空间中；所以，在我们看来，死亡就表现为灰飞烟灭了。

137

我们怎么可以只要看到某一个人的死亡就误以为某一自在之物在此归于无了？更准确地说，那只是某一现象在时间（时间是一切现象的形式）上的终结，而自在之物却不会为此所动——这是每一个人直接的直观认识。所以，人们在所有的时期都致力于用不同的形式和用语说出这一认识，但所有的那些形式和用语都是取自现象，在其本来意义方面都只是涉及现象而已。每一个人都觉得与另一个生物在很久以前从"无"中制造出来的人是有所不同的。人们由此就有了信心：死亡有可能终结他的生命，但却不会终结他的存在。

137（补充）

人与从"无"中生成的活物是有某些区别的，动物也是如此。谁要是以为他的存在就只是局限于现在的生命，那他就是把自己视为从"无"中生成的活物了，因为在 30 年前他是"无"，而再过 30 年，就又再是"无"了。[1]

138

一个人越清晰地意识到一切事物的脆弱、虚无和梦幻一样的性质，也就越清晰地意识到他的内在本质的永恒性，因为只有与这内在本质相对照，才能认清事物的那些性质，就正如只有根据所看到的固定不动的岸边，而不是只看着那船只本身，才会看出自己所在船只的快速航行。

---

[1] 后来的版本增加了内容。内容是：假如我们完全彻底地认识了我们自己的本质，深入到了最内在，那我们就会发现要求个体的永不消亡是可笑的，因为这意味着给出了那真正的本质以交换那本质的无数外现中特定的一个外现，或说火花。——译者注

139

现时有两个部分：一个客体和一个主体。只有客体的部分才有时间的直观这一形式，并因此不停地流动；主体的部分则是固定的，并因此始终如一。由此产生了我们对逝去已久的事情那生动的记忆和对我们的永恒性质的意识——尽管我们认识到了我们的存在是转瞬即逝的。

从我一开始所提出的定理世界是我的表象，紧接着的结论就是"首先是我存在了，然后才是世界"。人们要牢记这一点，当作是解毒药以对付这一错误的看法：死亡就是化为无。

每个人都认为自己的最内核，就是现时所包含的、自己随身带着的某些东西。

只要我们活着，我们就始终是带着我们的意识站在时间的中心，永远不会在时间的终点，并可由此得出结论：每一个人都带着整个无限时间当中不动的中心点。这也是从根本上给予他信心的东西，这样他就得以在没有持续的死亡恐惧的情况下活下去。但谁要是借助于很强的记忆力和想象力，可以极其生动地在脑海里重现自己一生中某一逝去已久的往事，那他就会比其他人都要清晰地意识到在一切时间中的"现时"的同一性。或许这一命题反过来说会更准确。但无论如何，这样清晰地意识到所有的现时的同一性，是哲学能力的一个关键要求。凭借自己这一意识，人们把那至为匆匆易逝的东西，把那"现时"理解为唯一永存的。那么，谁要是以这样直觉的方式在内心意识到现时（亦即在最狭隘的意义上一切现实性的唯一形式）的根源就在我们的身上，因此是从内在发出的，而不是源自外在，那他就不会对他的自身本质的不灭特性有所怀疑。他就会明白：随着他的死亡，虽然那客体世界及其展现这世界的媒介智力，对他来说是消亡了，但这并没有损害他的存在，因为不管是内里还是外头，都是一样多的现实性。他就会充满理解地说：

> 我是一切过去所是、现在所是和将来所是。
> ——斯托拜乌斯：《选集》，44，42；第 2 卷，第 201 页

谁要是不承认所有这些，那就必须宣称和说出相反的东西："时间是某样客观（客体）和真实的东西，是完全独立于我而存在的。我只是偶然被抛了进来，获得了这其中的一小部分，并因此抵达了某一短暂的现实，就如同千万个其他在我之前到达、现在已经是无的人一样，而我也很快就会变成无。相比之下，时间却是真实之物：时间将在没有我的情况下继续前行。"我想这观点的根本颠倒，甚至荒谬之处，透过其肯定的用语就可让人感受到了。

根据所有这些，生活当然就可被视为一场梦，死亡则是梦醒了。但那个体性却属于梦中的意识，而不属于梦醒的意识。所以，对梦中的意识来说，死亡就表现为化为无。但无论如何，从这一角度看，死亡并不可以被视为转移到了某一对我们而言全新的和陌生的状态，而只能是回到我们自己原初的状

态，而生命只是这状态的一个短暂插曲而已。

但假如某一哲学家真的误以为在垂死之际，他就会得到只有他才会有的安慰，也起码可以转移注意力，因为此后那常常纠缠他的难题就要解决了，那他的情形就跟这样的人差不多：马上就要找到他所要找的东西了，但提灯此时却熄灭了。

这是因为随着死亡，意识也就当然消失了，但产生出维持到那一刻的意识的东西，却一点都不曾消失。也就是说，意识首先以智力为基础，但智力却是以某一生理程序为基础的。这是因为智力明显是脑髓的功能，并因此是以神经和血管系统共同作用为条件；更具体地说，是以由心脏出发而得到营养、激活和持续鼓动脑髓为条件，是以精巧和异常神秘的脑髓构造为条件，而经由这脑髓结构——对此解剖学只晓得描绘、但生理学却无法明白的——这客观世界的现象和我们思想的装置就实现了。某一个体的意识，亦即总的来说某一意识，出现在某一非肉体的生灵，那是无法想象的，因为每一意识、认识的前提条件就是脑髓功能，而这正正就是因为智力在客观上表现为脑髓。所以，正如智力，在生理上，因此也就是在经验的现实里，亦即在现象中是某种次要的东西，是生命程序的结果，同样智力在生理方面，与意欲相比也是次一级的，而只有意欲才是首要的和始终是原初的东西。甚至那机体本身也只是意欲在脑髓中直观到的和在客观上，因此亦即在脑髓的空间和时间形式中表现出来的东西，正如我多次分析过的，尤其是在《论大自然的意欲》和我的主要著作第 2 卷第 20 章。所以，既然意识并不是直接与意欲联系在一起，而是以智力为条件，而智力又是以机体为条件，那这一点就是毫无疑问的了：随着死亡，意识也就熄灭了，一如在睡眠和昏迷的时候那样。[1]但不要灰心！这意识到底是什么呢？那是某一脑髓的、某一强度更高的动物性东西，是我们本质上与整个动物界共有的东西——虽然这在我们的身上达到了顶点。正如我已足够多地表明，这意识就其目的和起源而论，就只是大自然的"巧妙装置"，是帮助解决动物所需的信息工具。但死亡使我们回到那种状态，就是我们原初的状态，亦即我们的本质的自身状态，其原始之力就表现在产生和维持现在行将终止的生命方面。也就是说，这是与现象相对照的自在之物的状态。在这一最原初的状态中，类似脑髓这样的权宜手段，即那极其间接的，也正因此只是提供现象的认知，毫无疑问就是完全多余的；所以，我们也就正因此失去了这手段。这意识的消失与这现象世界对我们的停止是一体的，这意识就是这现象世界的媒介，除此以外，再也没有其他的用处。假如在我们这最原初的状态里，还让我们保留那动物性的意识，那我们是会拒绝的，正如瘸腿治好了以后会拒绝拐杖一样。所以，谁要是为即将失去这一属于脑髓的、纯粹是为这现象而设和服务的意识而哀叹，那就与皈依的格陵兰人差不多：他们不想上天堂，因为他们听说在天堂里没有海豹。

此外，在此所说的一切都是基于这样的假设：我们甚至无

---

[1] 如果死亡了智力也不会消亡，那就当然太好了：这样，人们就可以把我们在这一世界所学到的希腊语完整地带到另一个世界中去。

法想象出任何与认知的状态并不一样的没有意识的状态，而认知的状态也就是自身承载着所有认知的基本形式，分为主体与客体、认知者与被认知者。不过，我们必须考虑到这一点：这认知与被认知的整个形式只是以我们动物的、因而是相当次级的和派生的本性为条件，所以一点都不是一切本质和一切存在最原初的状态，而这因此可以是完全不一样的、却又并非没有意识的状态。但我们现在自身的本质，就我们所能深入其内在的程度而言，却仍然只是意欲，但这意欲就其本身而言已是没有认识力的。那么，如果我们由于死亡而丧失了智力，那我们也就只是进入了没有认识的原初状态，但这并不会因此就是全然没有意识的；更准确地说，这种状态将会超越上述形式——在这种状态中，主体与客体的对立消失了，因为在此那要被认知的与认知者本身是真正和直接成了一体，那所有认知的根本条件（那种两相对立）也就不存在了。这些作为说明和解释，可以与《作为意欲和表象的世界》第 2 卷第 273 页（第 3 版，第 310 页）相比较。乔尔丹诺·布鲁诺的一句话可被视为对我在那里和这里所说的另一种表达：

神圣的心灵，那再没有任何差别的绝对联合，本身就是那认知和被认知的东西。

或许每一个人在最内在的深处不时会感觉到这样的意识：某种完全别样的存在会更适合他，而不是现在这一说不出的、卑鄙的、一时的、个体的和陷于苦难和困顿的存在。这时他就会想：死亡或许会带他回到那完全别样的存在中去。

140

现在，如果我们采用与这种投向内在的考察方式相反的考察方式，再一次把目光投向外在，完全客观地去把握所展现的世界，那死亡当然就会显得是化为无；但与之相比，出生也像是从无中生成。但无论是化为无还是从无中生成都不是无条件的真实，因为这些只有那现象的事实。在某种意义上，假如我们真的死后还存活着，那仍旧不会是比我们每天眼前所见的生育更大的奇迹。那些死去的都到了所有生命和这些死去的生命所来的地方。埃及人就是在这一意义上把阴间称为阿门特斯——这意思就是，根据普卢塔克（《伊西斯和奥西里斯》，第29章）的"夺去者和给予者"，所要表达的就是：所有的一切要回到的和所有的一切所来自的是同一个源头。由此观点出发，我们的生命可被视为从死亡那里获得的借贷；而睡眠则是每天要还的这借贷的利息。死亡不加掩饰地宣告自己就是个体的终结，但在这个体身上却有着一个新的存在物的种子。据此，所有死去的东西，其中并没有什么是永远死去了的；但所有诞生的东西，也并不就是接受了某一从根本上全新的存在。死亡的东西是死去了，但某一种子却留下了，而从这种子新的存在就出来了，现在就进入存在，并不知道是从何而来和为何恰恰会是他这样子。这就是轮回转生的神秘之谜。读者可把我的主要著作第2卷第41章视为对此的解释。因此，我们明白了所有在这一刻活着的生物都包含了所有将在未来活着的生物的真正种子，这些生物也就是在某种程度上已经存在了的。同样，每一正当盛年的动物似乎就向我们喊道："你为何抱怨有生命的东西如此短暂？如果所有在我之前存在的我的同类不是死了的话，那我又怎么可以存在？"所以，在世界舞台上，无论那些戏剧和面罩如何变换，这里面的演员还是同一样的演员。我们坐在一起，谈话和互相刺激着，眼睛闪亮，声音也响亮起来：在千年以前，其他人也恰恰是这样坐着，那是同一个样子，都是同一样的人。过千年以后，也将是这个样子。那使我们无法意识到的这些装置，就是时间。

我们完全可以分清楚灵魂转生和再生轮回：前者是整个所谓的灵魂转移到了别的一个肉体。而后者则是个体的分解和重新形成，亦即只有他的意欲是持续长留的，在取得了一个新生物的形态以后，就获得了一副新的智力；也就是说，个体就像中性盐一样分解了，然后其基础就与其他一种酸结合而成了某一新的盐。塞尔维乌斯（维吉尔作品的评论者）所设想的灵魂转生与再生轮回的差别——这设想在温斯多夫的《论灵魂转生》（第48页）中得到了简略的说明——很明显是错的和没有价值的。

斯宾塞·哈代的《佛教手册》（第394—396页，可与同书第429、440和445页相比较）和桑格马诺的《缅甸帝国》第6页，以及从《亚洲研究》第6卷179页和第9卷第256页可以让我们看到：佛教在死后继续存在方面给出了一个通俗易懂、大众化的学说和一个秘传、深奥的学说，前者就是那灵魂转生论，如同婆罗门教所说的一样；后者则是难懂得多的再生轮回说。后者与我的这方面学说高度吻合，即意欲有着形而上的持久存在，而智力则只具有自然、有形的本质构成及与此相应的短暂、可朽特性。重生在《新约》中就已经出现了。

现在，如果我们为更深入探究再生轮回的秘密而在此求助于我的主要著作第 2 卷第 43 章，那在仔细思考之下，这事情看上去似乎就是在历经所有的时间当中，男性就是意欲的保管者，而女性则是人类智力的保管者——以此方式，人类就得以永远延续存在。因此，每一个人都有着一个父亲和一个母亲的组成部分；就正如这些组成部分是经由生殖而结合起来，同样也就经由死亡而分解——而这也就是个体的终结。我们这样深感哀痛的就是这一个体的死亡，感觉这一个体是真的消失了，因为他就只是一个结合，而这一结合是一去不返地结束了。但关于所有这些，我们可不要忘了：从母亲那遗传得到智力并不如从父亲那遗传得到意欲那么的肯定和无条件，因为智力实质上是次级的和只是身体方面的，完全依赖着机体，不仅只是在脑髓方面，而且也在其他方面，正如我在上书第 43 章所分析的。在此顺便一说，我虽然与柏拉图在他把所谓的灵魂分为可朽的一部分和不朽的另一部分方面不谋而合，但因为他就像所有在我之前的哲学家那样，把智力认定为不朽的部分，而意欲，亦即欲望和激情的所在则是可朽的部分，正如从《蒂迈欧篇》（比朋蒂尼编，第 386、387 和 395 页）所看出的，所以，柏拉图与我、与真理是相反和对立的。亚里士多德也持与柏拉图同样的看法。[1]

但尽管自然、有形的部分透过生殖和死亡、连带明显由意欲和智力组合而成的个体，以及后来的解体，而奇妙和让人忧心忡忡地主导着一切，那构成其基础的形而上部分却有着如此完全不同的实质，以致不为所动，我们也应放心，不再顾虑。

据此，我们可以从两个对立的角度考察每一个人：从其中一个角度审视，一个人就是一个在时间上有其开始和结束的个体，匆匆而逝，是"一个影子的梦"，同时还无法摆脱众多的缺陷和苦痛；从另一个角度看，这个人是无法消灭的原初本质，就客体化在所有的存在物那里，并且作为这样的东西就跟萨伊斯的伊西斯女神像一样说出这话：

> 我是所有的一切，不管是过去、现在还是未来。

当然了，这样的实质可以做出比在这个世界显现出自身要更好的事情。这是因为这是个有限性的世界，是痛苦和死亡的世界。在这世界和出自这世界的东西必然会终结和死去。只有不是出自这世界和宁愿不是出自这世界的东西，才会以无限的威力闪电般地掠过这个世界，向上空激发，然后就既不知时间也不识死亡。把所有这些不一致的说法统一起来，的确就是哲学

---

[1]《灵魂论》(1, 4, 第408页) 从一开始，他就顺口说了心底里的意见：vovg 就是真正的灵魂，是不朽的——对此他却是以错误的命题加以证明的。他说憎恨和爱意并不属于灵魂，而是属于机体，是属于那非永恒的部分！

的课题。

140（补充）

相信生命就是一部缺少了后续的小说，如同席勒的《看见鬼魂者》那样，并且就像斯特恩的《感伤旅行》那样，经常是中断了上下文——那这无论在美学上还是在道德上都是无法消化的想法。

对我们而言，死亡是并且始终是否定的——是生命停止了，不过，死亡必然有其肯定的一面，但那是我们看不见的，因为我们的智力完全不足以把握这一面。因此，我们知道得很清楚我们经由死亡所失去的，但却不知道我们经由死亡所获得的。

意欲经由死亡所蒙受的智力损失——意欲就是在此消逝的现象的内核，其作为自在之物是不可消灭的——就是这一个体意欲的冥河忘却水。没有了这忘却水的话，意欲就会回忆起其作为内核的众多现象。

人死之时，本该就是甩掉了其个体性，一如甩掉了一件旧衣服，人也本该为在得到教诲以后现在将换上更新、更好的衣服而高兴。

假设我们指责世界精灵在个体短暂存在以后，就把个体毁灭掉，那他就会说："只需看一看：这些个体，看看他们的缺陷，他们的可笑、卑劣和丑恶之处！难道我要让其永远持续下去吗？"

对那造物者，我会说："与其这样半奇迹地无休止地造出新人和毁灭掉已是活着的人，你为何不一劳永逸地让已存在之物继续存在以至永远？"

很有可能，他会这样回答："他们如果总是想要造出新的创造物的话，那我就必须为空间而忧心。是的，如果情况不是这样就好了！"虽然就我们私下说吧，这样一个种属一直就这样长活下去，除了就是这样的存在以外，别无其他更远大的目标，那在客观上是可笑的，在主观上则是无聊乏味的，其可笑和无聊的程度远甚于你所能想象的。你只需自己想象一下吧！

我：那他们或许会取得点点成功的——在各个方面。

141

短篇对话式的玩笑结语

色拉叙马霍斯　一句话，我死后会是什么？——要清晰和简洁！

热爱真理者　一切和一切都不是。

色拉叙马霍斯　又来这一套了，把一个自相矛盾的说法当作是解答了问题。这一招已经用烂了。

热爱真理者　用内在的、为经验范围内的知识而设的语言回答超验的问题，当然就会导致自相矛盾。

色拉叙马霍斯　你说的超验是什么，内在的、经验范围内的知识又是什么？我虽然从我的教授那里知道这些用语，但那些只是那亲爱的上帝的属性词——我的教授哲学就只研究那亲爱的上帝，而那样做也才是适宜的。也就是说，如果上帝是藏在这世界里面的，那上帝就是内在的；但如果上帝是在这世界的外面某处，那上帝就是超验的。看看，那是清楚和明白的！我们就知道要抓住什么。但再没人懂你那些旧式的康德术语了。当代今天的时间意识就是，从德国科学的大都会开始——

热爱真理者　（轻声旁白）德国哲学的假大空——

色拉叙马霍斯　经过了整一系列的伟大人物，特别是经过伟大的施莱尔马赫和庞大精神的黑格尔，已经从所有这些返回来了，或者更准确地说，是被带前了很长的距离，以致把所有这些抛在了身后，不再认识这些了。——那这些词又怎么了？

热爱真理者　超验的知识就是超出了一切经验可能的知识，试图要去确定事物自在和自身的本质；而内在的知识则是在经验的可能范围之内的知识，因此只能说明现象。作为个体的你随着你的死亡而完结。不过，个体并不是你的真正和最终的本质，而更多的只是那真正和最终本质的现象；那不是自在之物本身，而只是那自在之物的现象，只是在那时间的形式上表现出来，并据此有其开始和结束。而你的自在本质本身并不认识时间，也不认识开始、结束和某一具体个体的界限：因此，这不可以排除在任何个体性之外，而应该存在于所有的一切。所以，采用第一种意思，死亡以后你就成了无；而采用第二种意思，你就是并且将一直是所有的一切。因此，我说了，在你死亡以后，你将是一切和一切都不是。要简洁回答你这问题，那就难有比这更正确的回答了；但这回答当然包含了自相矛盾之处，这恰恰是因为你的生命是在时间当中，但你的不死却是在永恒里面。所以，这个你也可以成为一种没有延续的不灭，而这又会导致一个自相矛盾。但一旦把超验的东西引入经验范围之内的知识，就会出现这种情况：这经验范围内的知识就好像遭受了某种委屈，因为这知识被误用到并不适用于这知识的地方。

色拉叙马霍斯　听着：我的个体性得不到延续的话，你那永恒不朽对我就是分文不值。

热爱真理者　或许你还允许我们再谈谈。假定我保证你可以延续你的个体性，但条件是：在这个体性重又醒过来之前，会有三个月完全没有意识的死一样的沉睡。

色拉叙马霍斯　那可以啊。

热爱真理者　既然在完全没有意识的状态下，根本就没有时间的尺度，那么，在我们处于死一样的沉睡之时，在那有意识的世界，到底是过了三个月抑或过了一万年，对我们是一样的。因为在我们醒来的时候，我们就得凭信赖接受是那三个月抑或一万年。所以，在三个月后把个体性交还给你，抑或在一万年以后，对于你是无所谓的。

色拉叙马霍斯　这说到底应该是无法否认的。

热爱真理者　那么，如果在过了一万年以后，万一忘了把你弄醒过来，那我相信，对在你那非常短暂的存在以后紧接着漫长的非存在，你已经是那样的习惯，这不幸于你就不至于那样的巨大了。但可以肯定的是：你不会感受到这一不幸。并且如果你知道那维持你此刻现象的运作的秘密驱动装置，在那一万年里一刻都不曾停止呈现和运作那同类的其他现象，那你也就完全不会对此不幸介怀了。

色拉叙马霍斯 是吗?! 用这方式你就打算一步步、神不知鬼不觉地骗走我的个体性? 我可不会受这样的嘲笑。我要求的是我的个体性的延续，失去这个体性的话，没有什么动因和现象是可以抚慰我的。这个体性是我最上心的，是我不会放弃的。

热爱真理者 那你就是认为你的个体性是如此的愉快、杰出、完美和无与伦比，再也没有更优秀的了，所以，你不会以此交换任何其他的个体，某一可以让你活得更好和更轻松的个体?

色拉叙马霍斯 我的个体性，无论是个什么样子，都是我。

> 这世界上，没有什么可以转移为我，
> 因为上帝就是上帝，我就是我。
>
> ——歌德:《森林之神》

我，我，我要存在! 这存在对我才是适合的，而人们先要说服我认定就是我的那种存在，却不是适合的。

热爱真理者 但看看吧! 在那喊着"我，我，我要存在"的可不止你一个，而是所有的一切，所有哪怕只具有点点的意识的一切。所以，在你的这愿望恰恰就不是个别才有的，而是无差别地为一切所共有。那并非源自个体性，而是出自总体的存在，是每一个在那存在之物的本质性东西，并的确是存在之物赖以存在的东西，因此通过存在而得到满足，唯独只涉及存在，而不是为某一特定的个体存在所独有，因为这愿望根本不是指向这样的个体——虽然这愿望每次都显得似乎是这样，因为这只能在这一个体生物那里达到意识，除此以外，别无他途。所以，这愿望就总是显得只涉及这一个体。但这只是表面假象。虽然具有局限性的个体会死抱这一假象不放，但反省深思就会打碎这假象，把我们从这幻想中解放出来。也就是说，那如此激烈要求存在的，只间接的是个体，但直接和真正的却是生存意欲，其在所有一切那里都是同样的东西。那么，既然存在本身就是生存意欲的自由作品，并的确就是生存意欲的映照，那存在也就无法逃脱得了意欲：但意欲就暂时地通过存在而得到满足，亦即尽量地满足那永远无法满足的意欲。对意欲来说，所有的个体性都是一样的，它根本就不会说起这些，虽然对于只是在自身直接感觉到意欲的个体看来，它似乎是向其说起这些。由此就导致了意欲会倍加小心地守护着它自身的这一存在，并正因此确保种属得以维持。这也就表明：个体性并不是完美的，而是有某种局限。所以，要摆脱这个体性并不是损失，而是获得。因此，抛开那忧心吧，一旦完完全全、从根本上认识了你的自身本质，亦即认识到你就是那普遍的生存意欲，你那忧心就会显得特别的幼稚和可笑。

色拉叙马霍斯　你和所有的哲学家才是幼稚和可笑呢，像我这样一个成熟、稳重的人，却与这种疯子谈了一刻钟，那纯粹只是开玩笑和消遣而已。我现在有更重要的事情要做了，上帝保佑！

论肯定生存意欲

如果生存意欲只是表现为自我保存的本能和冲动，那这就只是肯定在其自然持续的时间段里的个体现象。这样一种生存不会有多大的辛劳，因此，这样的存在将是轻松和快活的。但正因为意欲是绝对地和永恒地渴求生存，所以，意欲同时也就表现为性欲，其盯着的目标是生命代代无尽的相传。这一性欲本能把一个单纯的个体存在才会有的快乐、无忧、无邪一扫而光，因为这种性欲本能把不安和忧郁带进意识，把不幸、担心和困顿引入生活的进程。而一旦人们自愿抑制这种本能，就像我们偶尔所看到的一些例外情形那样，那就是意欲掉转了方向，有违其初衷。这样的话，这性欲本能就会消融于个体，而不会走出个体之外。但这种事情只有经过这一个体自我做出的痛苦强力克制才可以发生。但如果真发生这样的事情，那种单纯个体存在的无忧和快乐就重回意识之中，其能量甚至还得到了提升。相比之下，与满足所有欲求和愿望中的最强烈者连在一起的，是一个新的生存的起源，那也就是重新展开一次生命及其所有重负、困顿、烦恼和痛苦。虽然这是发生在另一个个体的身上，但是，如果这两个在现象上不同的个体，也是绝对的和就自身而言是不同的，那永恒正义又何在呢？生活就呈现为一项任务，某一必须完成的工作份额，所以，一般来说，生活呈现为一场持续的与匮乏、困顿的战斗。据此，每一个体都想得过且过，尽其所能地渡过难关。生活就像是背负罪责者一定要完成的苦役似的。但是谁招来了这一罪责？是这人的生育者，就在其享受性欲之时。也就是说，因为一个人享受了性欲的快感，所以，另一个人就得生活、受苦和死亡。与此同时，我们都知道和记得：同类之间的差别是以时间和空间为条件的——我把这一事实在这一意义上名为个体化原理。否则，永恒正义就不可救药了。正因为生育者在其生育的后代身上重又认出了自身，才有了父爱；由于这父爱，父亲就甘愿更多地为了孩子而不是自己，去做事、受苦和冒险，并把这视为应尽的义务或还债。

人的一生及其无休止的辛劳、困顿和苦难，可被视为对性行为，亦即对明确肯定生存意欲的说明和解释。也正因为这样肯定生存意欲，人就欠了大自然一份死亡债务；一想到这一债务，人就惶恐不安。这难道不就证明了：我们的存在本身就包含了欠债？但当然，在周期性的清偿税费、出生和死亡之下，我们始终存在着，相继地品尝着生活的所有苦与乐而不会漏掉任何东西：这恰恰就是肯定生存意欲所结出的果子。所以，就此而言，那对死亡的恐惧根本就是虚幻的——这一对死亡的恐惧让我们深陷生活当中无法自拔，尽管生活充满种种痛苦、折磨。但那把我们引诱进入生存的性欲本能也同样的虚幻。这一引诱本身可以从两个恋人之间互投的渴望眼神中客观地看得出来：这就是生存意欲肯定自身的最纯净的表达。生存意欲在此是多么的温柔！它渴望得到幸福，安静地享受和温柔地快乐，为自己、为别人、为所有人。这些是阿那克里安歌咏的主题。生存意欲就是如此诱惑和逢迎自己进入生活。但一旦进入了生活，烦恼、折磨就导致了罪孽，而罪孽又导致了烦恼和折磨。那场景尽是恐怖和苍凉。这些是埃斯库罗斯的主题。

　　但是，这让意欲得以肯定自身，让人得以生成的性行为，却是所有人在内心深处都为之感到羞耻的，因此是人们要小心翼翼隐藏起来的。事实上，这些行为被别人发现和撞着，所引起的惊慌就犹如在犯罪时被别人逮住一样。这些行为，在我们冷静回想时通常会引起反感，在心境升华之时则引起厌恶。蒙田在《随笔集》第三部第五章为我们提供了对这性行为在这一意义上更深入的讨论。蒙田在书页边上的注释对此冠以这就是爱情的题目。某种奇特的忧伤和懊悔会在这性行为完成以后尾随而至，这在第一次完成这性行为以后感觉至为明显，但总的说来，一个人的本性越高贵，那这感觉就越清晰。所以，甚至异教徒老普林尼也说了：只有人才会在初次交媾以后感到懊悔。这一点确实挺能说明这一生活：人对自己的起源感到了懊悔。（《自然史》，Ⅹ，83）此外，在歌德的《浮士德》中，魔鬼和女妖在其安息日做些什么和唱些什么？淫行和秽语。在同一部著作（《浮士德》的精彩的补充篇）里，那有血有肉的撒旦向聚集的人群宣扬些什么？淫行和秽语，除此别无其他。但唯有持续进行这种性质的性行为，人类才得以继续存在。假如乐观主义是对的，假如我们的存在是至善在大智慧的指导下给予我们的、需要我们谢领的礼物，因此就其自身而言是珍贵的、荣耀的和令人高兴的，那延续这一生存的性行为就应该表现出完全另外一副样子才对。相比之下，假如这一存在是某种失足或者某种误入歧途所致，假如这一存在就是本性盲目的意欲的作品，其至为幸运的发展就是自身达致要消除自身的一步——假如是这样，那延续这种生存的性行为就必然是它现在的这副样子。

在涉及我的学说中的第一个基本真理方面，在此值得一提的是：上面所提及的对性事所感到的羞耻，甚至还扩展至为性事服务的身体器官，虽然这些性器官与其他身体部位一样都是与生俱来的。这再一次令人信服地证明：不仅人的行为可被视为人的意欲的外现、客体化，是意欲的作品，其实，人的身体就已经可作如是观了。这是因为对自己的意欲并没有牵涉进去的事情或者事物，人是不会感到羞耻的。

此外，性行为之于这一世界，就犹如字词之于字词所表达的巨谜。也就是说，这世界在空间上是宽广的，在时间上是古老的，有着无穷无尽、多种多样的形态。但所有这些只是生存意欲的现象而已，这生存意欲的集中和焦点就是性行为。因此，通过这性行为，这一世界的内在本质就至为清晰地表达了出来。在这方面，还值得注意的是，这性行为本身在德文这一相当典型的俗语里，干脆就被称为"意欲"（der Wille）："他渴望她顺从他的意欲或意愿。"[1]因此，性行为作为意欲的

---

[1] 原文是 Er verlangte von ihr, sie sollte ihm zu Willen sein. 这一委婉说法的意思就是他要那女子委身于他。——译者注

最清晰的表达，就是这一世界的内核、精髓、总纲。所以，透过这性行为，我们得以一窥这一世界的本质和驱力：这就是表达那神秘之谜的文字。据此，性行为就被理解为"知识之树"名下的东西，因为对此有了了解以后，每一个人就都对生命睁开了眼睛，就像拜伦所说的：

> 知识之树上的果子被摘下了——一切就都知道了。
>
> ——《唐·璜》，Ⅰ，128

与性行为这一特性同样吻合的就是：性行为是一个巨大的禁忌（αρρητον），是一个公开的秘密——这种事情是我们无论何时无论何地都不可以清楚地谈论的，但无论何时无论何地，这种事情大家都不言自明地知道是最重要的事情，这种事情因此始终就在每一个人的思想里。正因为这样，稍稍一点暗示，大家马上就能心领神会。性行为及与之相关的东西在这世上所发挥的重要作用是与这世界巨蛋那关键之点的重要性完全相称的，因为不管在哪里，一方面人们沉迷于情爱把戏，另一方面则预先认定了这样的风流情事。让人感到滑稽的只是对这一头等大事，人们却始终秘而不宣。

但看看吧，当人们那年轻、无邪的头脑在初次了解到这世界的巨大秘密之时，是多么的震惊！这其中的理由就是：原初并不具有认识力的意欲，需要经过漫长的发展路途才可达到智力的程度，尤其是达到人的理性的智力这一级；在这漫长的过程当中，意欲对自己都感到如此的陌生，以致不再知道自己的本原，那让人懊悔的本原；现在，从纯净的因此是无邪的认识力角度观看，竟为自己的所见感到了震惊。

既然意欲的焦点，亦即意欲的浓缩、集中和最高表达就是性欲及其满足，那么，采用大自然象征性的语言，就可以很独特地把这一事实直白地表达为：个体化的意欲，亦即人和动物，都是通过性器官的门户进入这一世界的。

肯定生存意欲，其中心因此就是性行为，对动物来说是不可避免的。这是因为意欲，这创造性的大自然，只是在人那里才有了思考和回想。有了思考和回想就意味着并不只是认识到个体意欲短暂瞬间的需求，并不只是应付现时此刻的迫切需要，就像动物依照其认识力的完美程度、其需求所做的那样——而动物的认识力的完美程度和动物的需求是同步发展的。人却得到了范围广泛得多的知识，而这是借助了人对过去的清楚回忆、对将来的大致预计，以及由此对个体的一生、对自己和对他人的，甚至对总体的存在的多方面了解。每一动物种属的生命，虽然历经了成千上万年的存在，但在某种程度上的确就只像是某一短暂的瞬间，因为它们只意识到现时此刻，而不会对过去、对将来和因此对死亡有所意识。在这一意义上，我们可把动物的存在视为一个持久的瞬间，一个停顿的现在。顺便一说，在此我们至为清楚地看到：总的来说，生命，或说带有意识的意欲现象，其形式首先和直接就只是现时此刻：只有到了人的级别，才添加了过去和未来，更确切地说，才只在概念里，在抽象中认识过去和未来，充其量是以想象中的图像加以说明。因此，当生存意欲，亦即大自然的内在本质，永无休止地争取完美的客体化和完美的享受以后，在历经了动物的整个序列以后——而这经常就是在这同一个星球，在那逐次随时重新开始的动物序列之间的多个间隙——生存意欲最终在有了理性装备的生物，在人那里，达致了思考、回想。这样，对人来说，情形就开始变得让人疑虑和忧心了，问题不由得升上脑际：所有这一切到底从何而来，目的又是什么？并且最首要的，他一生中的辛劳和困顿，到底是否值得？就像这一句法语成语所说的，赌桌上赢来的钱还不够蜡烛的费用呢。因此，在这也就到了一个点上：在清晰的认识力的映照下，他要就肯定生存意欲抑或否定生存意欲做出决定，虽然后一种情形，一般来说只是裹着一层神秘外衣进入他的意识之中。所以，我们没有根据可以假设还存在着比人更高一级的意欲客体化现象，因为到了人的级别，意欲的客体化已经抵达其转折点、拐角处了。

关于否定生存意欲的学说

人有了自己的存在和本质，要么得到其意愿，亦即同意；要么没有得到其意愿：假如是后一种情形，那这样一种被多种多样的和不可避免的苦难弄得苦涩不堪的存在，就是一桩极不公正的事情。古人们，尤其是斯多葛派，还有那逍遥学派和学院派，都徒劳地试图证明：美德足以让生活幸福。但经验却对此大唱反调。上述那些哲学家如此的努力，其背后的真正原因虽然他们没有清楚地意识到，但那却预设了这整桩事情的公正性：谁要是无过、无罪的，就会免于苦痛，因而就是幸福的。不过，对此难题的认真和深刻解答却是基督教的这一学说：功成并不就可成义；据此，一个人就算是行事公正和充满仁爱，因而是一个善良、有美德的人，也并不会就像西塞罗以为的那样，没有一切罪疚（《图斯库路姆论辩集》，5，1），而人的最大的罪过，就是出生了——正如受了基督教感悟的文学家卡尔德隆所说的。卡尔德隆的这一认识，比上述那些智者的看法都要深邃得多。据此，人是带着罪疚来到这一世上的说法，也只有那些认为自己恰好从无中生成，是另一个生物的作品的人才会觉得反感。也就是由于这一罪过、这一必然来自其意欲的罪过，尽管这个人的种种美德懿行，他也得蒙受肉体上和精神上的苦痛，因而是不会幸福的。这是那永恒正义的结果，我在第1卷第16节已经讨论过了。但是，就像使徒保罗（《使徒保罗致罗马人书》，3：21以下）、奥古斯丁和路德所教导的，功行并不就可成义，因为我们所有人本质上都是罪人，并且保持不变——这一说法的根据归根到底就是因为行为（或发挥）出自本质，所以，假如我们真的做出了应做的行为，那我们也必然就是我们应是的人。但真那样的话，我们就不需要从我们现在的状态中得到解救了，而获得解救不仅是基督教，而且也是婆罗门教和佛教（亦即英文的 *final emancipation* 所表达的）所描绘的最高目标；也就是说，我们也就不需要成为某种有别于我们，甚至与我们相反的人。但因为我们就是我们不应该是的人，所以我们才必然做出我们不应该做出的行为。因此，我们需要对我们的思想意识和本质来一个彻底的改变，亦即需要再生，而这样的结果就是解救。虽然罪过在于行为，在于"发挥"，但罪过的根子却在于我们的本质和存在，因为有了这一本质和存在，才必然有了发挥，就正如我在应征论文《论意欲的自由》中所阐明的。据此，我们唯一的真正罪过就是原罪。虽然只是在人已经存在了以后，基督教的神话才产生了原罪的说法，也为此目的虚构了人有着那"不可能"有的自由意愿，但这也就恰恰只是当作神话说出来。基督教最内在的核心和精神与婆罗门教和佛教的是一样的：它们全都表明人类由于其存在本身而背负着沉重的罪孽；只有基督教在此不像两个古老宗教那样直接和坦率地说事；所以，基督教并不认为人经由存在本身而负上罪孽，而只是由于第一对的人类夫妻做出的事情所致。这样的看法也只有在那子虚乌有的不受任何影响的自由意愿决定的前提下才是可能的，也只是由于犹太教的基本教义的缘故才有其必要，而上述教义是移植到犹太教义里面的。因为根据事实，正是人的出现本身就是他的自由意愿的事情和据此与那原罪是一体的，那原罪因此早就与人的本质和存在一道出现，所有其他的罪都是这原罪的结果，但犹太教的基本教义却不容许这样的描述——因为这样，所以，奥古斯丁就在《论自由意志》中教导说，人只是作为亚当在犯下原罪堕落之前才是清白无罪和拥有自由意志的，但自犯下原罪以后就陷入必然的罪孽之中。《圣经》意义上的法律，όνομος，总是要求我们改变我们的所为，但我们的本质与此同时却维持不变。但正因为这是不可能的，所以，使徒保罗说任何人都无法因遵守法律而成义；只有在蒙受了恩宠，在耶稣那里重生，并由此形成新人和除掉旧人（亦即整个根本的思想意识的改变），我们才可以脱离有罪的状态而进入自由和解救的状态。这就是基督教在伦理道德方面的神话。但当然，把这一神话移植过来的犹太一神教，必须得到相当神奇的添加内容以方便附加上这一神话。在这方面，那犯罪而从天堂堕落的神话就提供了唯一的地方可以嫁接到古老印度的树干上。恰恰就是因为那强力克服困难，基督教的那些神秘宗教仪式才有了如此古怪的、让理解力一般的人感到反感的外观，而这种外观使皈依工作更加的困难。因为这些因素和无力把握那其中的深刻含意，伯拉纠主义和今天的理性主义就反对它们，试图通过注释把它们去掉，但以此方式也就把基督教还原为犹太教了。

但撇开神话来说事吧，只要我们的意欲仍旧一样，那我们的世界就不会是别的样子。虽然所有人都希望从痛苦和死亡的状态中得到解脱，就像人们所说的，他们想要达到永恒的极乐，进入天国，但却不是以自己的双脚走过去，而是希望由自然的进程带往那里。不过，这是不可能的。这是因为大自然就只是我们的意欲的写照和影子。因此，虽然大自然永远不会让我们倒下和成为无物，但它也不会让我们去到别的哪里——除了永远重回大自然中去。作为大自然的一部分而存在是多么不确定的事情，这是每一个人都可从自己的生与死中体会得到的。据此，存在确实可被视为某种误入歧途，而由此折返就是解救。存在也无一例外都带有这一特征。因此，古老的萨满教就是在这一意义上理解存在的，还有那真正的和原初的基督教也是如此理解的，虽然以拐弯抹角的方式。甚至犹太教本身在原罪和堕落（这是犹太教的弥补性部分）里也起码包含了这种观点的种子。只有希腊的异教和伊斯兰教是完全乐观的，所以，在希腊异教那里，相反的倾向就必须至少在悲剧里宣泄，但在伊斯兰教中，那相反的倾向就作为苏菲派而出现：苏菲派这一异常美丽的现象完全彻底地就是印度的精神和起源，到现在为止已经持续存在超过千年了。作为我们存在的目标，事实上，除了认识到如果我们不曾存在更好以外，就再无法说出其他别的了。但认识到这一点，可就是认识了所有真理中的最重要者，因此必须表达出来。尽管这真理与现今欧洲人的思维方式形成强烈的反差，但在整个没有伊斯兰化的亚洲，却是最得到承认的基本真理，至今仍是如此，一如三千年前的情形。

假如我们要从整体上客观审视生存意欲，那根据上述，我们就必须把生存意欲设想为囿于某一幻觉之中，而要从中醒悟过来，亦即要否定生存意欲的整个现有的争取，就是宗教所称的自我否定的东西，因为那真正的自我就是生存意欲。道德上的优秀品质，确切地说，公正和仁爱，就正如我已指出了的，如果是纯粹的，那就是得之于生存意欲看穿了个体化原理，在生存意欲的所有现象中重又认出了自身，这些美德因此首先就是迹象和征兆，反映出那显现为现象的生存意欲不再是那么牢牢地囿于那种幻觉之中，而是已经幻灭了，以致人们也可以用比喻的方式这样说：这生存意欲已经在准备振翅飞离这幻觉了。相反，不义、恶毒、残忍等迹象则反映了相反的情形，亦即深陷于那种幻觉之中。其次，那些道德上的优秀品质，是促进自我否定和因此是否定生存意欲的一种手段。这是因为那真正的正直，那种始终不渝的公正——这一首要的和最重要的基本道德——是一项如此困难的任务，以致谁要是无条件地和从内心深处信奉这些，就得做出牺牲，就要在生活中失去那些让生活甜美、让生活满意所需的东西；公正也就以此引导意欲掉转其方向，亦即让意欲死心断念。但让诚实、正直如此受人尊敬的正是它所付出的牺牲：如果那是微不足道的就不足以引起赞叹了。诚实、正直的本质就在于正直者并不会把生活所带来的重负和不幸，以狡猾或者武力的手段转嫁到别人的身上，就像那些非义的人所做的；而是自己扛起自己的份额。这样，他就一分也不减少地扛起加给人生的全部祸害的担子。这样，正直的特性就将是有助于否定生存意欲的手段，因为困境和不幸，这人生的真正命运，就是否定生存意欲的结果，而这些却导向死心断念。更进一步的优秀品质——仁爱——则确实更加快速地引往那一目的，因为由于这仁爱的缘故，人们甚至把本来落在了别人身上的苦痛也承担下来，因此得到了比按道理他自己这一个体所能有的更大的苦痛份额。谁要是内心受到了这一美德的鼓舞，那他就是在其他每一个人的身上重又认出了自己的本质。这样，他就把自己的命运与人的总体命运等同了起来：但人的命运却是残酷的，是艰辛、苦痛和死亡的命运。所以，谁要是放弃了他幸运得到的好处，想要的就只是人的普遍命运，那用不了多长时间，甚至连这普遍的命运也不会想要了：那对生活及其享受的眷恋现在必然很快就会消失，为某种全面的放弃做准备，因此，否定意欲就将出现。那么，因为最完全地实践美德，相应地就会引致贫穷、匮乏和各式各样特别的苦况，所以，许多人就认为最狭隘意义上的苦行是多余的，并加以排斥，而这或许是有理由的。那些苦行包括放弃所有的财产、有目的地寻求令人不快和让人反感的东西、自我折磨、禁食、穿着苦衣和清心寡欲。[1]

这也就是为什么佛教并没有那些在婆罗门教中扮演如此重

---

[1] 只要我们承认这些苦行，那在我的应征论文《论道德的基础》中所列出的人的行为的最终动因，亦即：（1）自己的幸福；（2）他人的痛苦；（3）他人的幸福，就要补上这第4个最终动因。在此我仅仅为了体系的连贯性的需要顺便提及这一点。也就是说，在我的那篇论文中，因为应征回答的问题是当时在新教欧洲流行的哲学伦理学的意义上提出来的，所以，这第4个最终动因就不得不略而不提。

大角色的严格的和太过的苦行，亦即并没有那些有目的的自我折磨。佛教就只需要僧侣独身、自愿清贫、谦卑和服从、禁止肉食及一切俗务就可以了。再者，因为美德所引往的目标就是我在此所表明的目标，所以，吠陀哲学[1]说得有道理：在真正的认识及其所带来的完全死心断念，亦即重生出现以后，前生的道德抑或不道德就是无所谓的了，在此就要再度用上婆罗门教经常引用的说法，谁要是一窥其堂奥，就心结尽开，疑惑顿消，他所有的著作尽归于零（《商羯罗》，诗节32）。这一观点尽管可能会引起不少人的反感，对这些人而言，在天堂得到奖励和在地狱接受惩罚，会是对人的行为的伦理含意让人满意得多的解释；正如善良的温迪施曼在分析上述学说时，也是断然予以拒绝的——但是，谁要是深入探究这事情，就会发现上述学说归根到底是与那基督教的，尤其是由路德竭力主张的观点相一致的，亦即不是我们的业绩而只能是经由神恩的作用才会有的信仰，才可以让我们得到福乐；因此，我们永远无法因我们的所为而称义，而只能由于中保的功劳才能达致赦罪。甚至轻易就可看出：假如没有这些设想，基督教就必得列出给所有人的无尽惩罚，婆罗门教列出的则是无尽的再世轮回；通过这两种宗教，也就不会达致任何的解救。有罪的行为及其后果就必须不管是经由别人的恩典还是经由所出现的自己更高的认知而一举清除和消灭，否则，这世界就没有什么解救可希望的

---

[1] 参见温迪施曼，《商羯罗，或者吠檀多的神学》，第116、117和121—123页；以及拉丁文本《奥义书》，第1卷，第340、356、360页。

了。但在这之后，那些有罪的行为及其后果就无所谓了。这也是悔改、赦罪，救世主在复活以后，就把传扬这一点作为传道使命的全部终于交给了他的门徒（《路加福音》，24：47）。优秀的品德恰恰不是最终的目标，而只是通往这目标的一个阶梯。这一阶梯在基督教神话里透过采吃善、恶知识之树标示出来，与此相伴的就是道德上的责任与原罪同时出现了。这一原罪其实就是肯定生存意欲，而随着更高认知而来的否定生存意欲则是解救。在这两者之间的就是良好的道德：这良好的道德就是一盏明灯，伴随着人们走在从肯定生存意欲，或者用神话说，从原罪的出现，一直到通过信仰上帝化身的中保而获得解救；或者依照吠陀的学说，历经每一次的业力所导致的转生轮回，直到出现正见及与之相连的解救（final emancipation）、解脱，亦即与梵的再度结合。但佛教徒则完全诚实地把这事情否定性地形容为涅槃，那也就是对这世界或对这轮回的否定。当涅槃被定义为无时，那这就只说明了：轮回并没有包含任何可以有助于定义或者构思那涅槃的成分。正因为这样，只是在名义上与佛教徒有别的耆那教徒，把那些相信《吠陀》的人称为"可靠的专家证词"，而这外号据称是说他们相信听来的一些既无法知道也无法证明的东西（《亚洲研究》，第6卷，第474页）。

当不少古老的哲学家，例如奥菲厄斯、毕达哥拉斯主义者、柏拉图（例如，《斐多篇》，第151、183页以下）；亚历山大的克罗门特的《杂缀集》（3，第400页以下），还有使徒保罗都为灵魂与肉体的结合而叹息，并愿望灵魂从肉体那里解放出来，只要我们在本卷第2部分里认识到肉体就是意欲本身，是我们客观察看到的、空间上的现象，我们就会明白这叹息的真正含意。

死亡时分决定了这人是要回到大自然的怀抱中去，抑或不再属于这大自然，而是要……描述这种对立对比，我们并没有形象、概念和字词，恰恰是因为这些形象和字词都是从意欲客体化那里拿来的，因此属于意欲客体化，所以，与此绝对相反的东西和事情无法以任何方式表达出来。据此，这些对我们而言就始终只是一种否定性陈述而已。与此同时，个体的死亡就是大自然对生存意欲的一次次不知疲倦的反复质询："你已足够和满足了吗？你想要逃出我的手心吗？"这问题问得足够频繁的，原因就是个体生命太过短暂了。婆罗门在死亡时候的那些仪式、祈祷和告诫，正如人们在《奥义书》中看到的有多处保存下来的记载，就是在这一意义上构思的。基督教对恰当利用死亡时分的注重和关心，透过那些告诫、忏悔、圣餐和临终涂油礼，也是同样的含意。所以，也就有了基督徒的祈祷避免突然死亡。至于时至今日，许多人却恰恰是希望这样突然死亡的，就只是证明了他们并不是站在基督教的，亦即否定生存意欲的立场，而是站在了肯定生存意欲的立场，而这却是异教的。

但这样一个人将是最不怕死了以后会成为无物的——假如他认识到了他现在已经是无物了，因此对自己的现象不再那么的感兴趣和参与，因为在这个人那里，认识力就好比是烧毁和耗掉了意欲，以致在其身上再没有意欲，亦即渴望去追求个体的存在。

个体性虽然首先存在于智力，而这智力反映着现象、属于现象，以根据律为形式；但是，个体性也存在于意欲，因为性格也是个体性的，但这性格在否定生存意欲当中被消除了。那与每一个纯粹的美好的道德行为联系在一起的神圣性，其根据就是这样的美德行为归根到底是出自对众生的内在本质中的数量同一性的认识。[1]但这种同一性只存在于否定意欲的状态（涅槃）中，因为对意欲的肯定（轮回），其形式就是意欲呈现多种多样的现象。肯定生存意欲、现象的世界、多种多样的存在物、个体性、自私、仇恨、卑劣都出自一个根源；在另一方面，那自在之物的世界、一切存在物的同一性、公正、仁爱、否定生存意欲，也是出自同一个根源。正如我已经多次指出过的，如果道德的优秀本质已是因意识到所有存在物的同一性而起，但这种同一性并不存在于现象，而只是存在于自在之物，存在于一切存在物的根源，那么，道德高尚的行为就是暂时到过了那一个点——否定生存意欲就是永久地回到这一点。

从以上所说的接着推论：我们并没有理据可以假设还有某种智力比人的智力更加的完美。这是因为我们看到人的智力已经足够给予意欲这样的认识：在有了这种认识以后，意欲就否定和取消自身，以此方式，个体性和因此那智力也就消失了，因为智力只是个体本性，亦即动物本性的工具而已。假如我们考虑到下面这一点，那这些就不至于显得那么让人抗拒了，那

[1] 参见《伦理学的两个根本问题》，第274页；第2版，第271页。

就是：就算我们为此试验性地设想出某种尽可能完美的智力，我们也无法想象这样的智力会延续那无尽的时间，因为这无尽的时间将会太过贫瘠了，无法向那智力持续提供新的、配得上这一智力的东西。也就是说，因为一切事物的本质从根本上都是同一的，所以，对这本质的一切认识就必然是同义重复：这本质一旦被把握了，就正如这本质很快就会被那至为完美的智力所把握那样，那还会剩下什么呢——除了在无尽的时间里就只是重复及其无聊？所以，单从这一面看，那也向我们表明：所有智力的目标都只是对某一意欲的反应，但因为所有的意欲活动都是犯错，所以，智力的最终工作就是取消意欲活动——而在此之前，智力是为意欲的目标服务的。因此，就算是可能的最完美的智力，也只是一个过渡性的阶段，所要抵达之处是任何认知都无法够得着的；的确，这样一种智力，也只能是在某些瞬间就事物的本质获得完美的领悟。

与所有这些思考和我在第 2 卷中所证明了的认知起源于意欲、在认知服务于意欲的目标的时候，也就以此映照了意欲的肯定，而真正的解救却在于否定意欲——与这些不谋而合，我们看到所有的宗教，在其发展到了顶点就都成了神秘主义，亦即都变得隐晦和遮掩，而这隐晦的地方其实对认知而言就只是一个空白之处，也就是说，暗示了所有的认知在这里都不可避免地要停下来，这因此只能以否定性陈述加以表达，对于感觉直观则以象征性的符号、在庙宇里则以昏暗和沉默标示出来，在婆罗门教，甚至透过要求暂停一切思维和直观，在默念唵的情况下，帮助内省自己本身的最深处。神秘主义者，在最广泛的意义上，就是引导直接意识到那无论是直观还是概念，亦即认知都无法抵达之处。神秘主义者与哲学家在这方面是相对立的：神秘主义者是从内在开始，而哲学家则是从外在开始。也就是说，神秘主义者从自己内在的、实在的、个体性的经验出发——在此，他发现自己就是永恒的、唯一的存在物，等等。但有关这些却是无法传达的——除了那些人们只能姑且信其言的宣称；所以，他是无法让人信服的。相比之下，哲学家则从所有人都共有的、客体的东西出发，从摆在所有人面前的现象和从所有人的自我意识里都有的事实出发。他的方法因此就是反思所有这些和组合这里面所给出的资料。正因此，哲学家能够令人信服。所以，他应该小心不要堕入神秘主义者的方式方法，比方说，不要通过声称智力的直观或者据称的直接理性知悉，把一切认知都无法触及的、顶多只可以用某一否定来描述的东西，佯称为实在、具体的知识。哲学所具有的价值和尊严就在于它们鄙夷一切没有理据基础的设想和看法，所采用的资料也只是那些可以在直观所见的外在世界，在为了把握这些资料而建构的我们的智力形式，在人人都共有的自我意识中得到确切证明的东西。为此原因，哲学必须保持是宇宙学，而不可以成为神学。哲学的主题必须局限在这个世界：从各个方面说出这世界是什么，其最深层的内在是什么，就是哲学所能诚实做出的工作。依照这一点，我的学说在到达其顶点时，就带上了否定的特征，亦即以否定做结束。也就是说，这学说到此只能说些所要否认的、放弃的东西，为此所换来的、所把握住的，就是迫不得已（在第2卷第4部分结尾处）地把那描述为虚无，并且只能补充这样的安慰：那只是一种相对的、而不是绝对的无物。这是因为如果某样东西并不是我们所知道的任何东西，那这东西对于我们总之就的确是无物。但不能由此得出结论说这就是绝对的无物，也就是从每一可能的角度看和在每一可能的意义上必定就是无物；而只是我们对其局限在完全否定的认识，而这很有可能是因为我们的角度局限。在此，恰恰就是神秘主义者实在行事之处；因此，从此处开始，除了神秘主义和玄想就再没有其他的了。谁要想给那唯有哲学才会导致的这类否定性认识增加这一类的补充，那在《邬波尼煞昙》中可找到最美和最丰富的内容；然后是普罗提诺的《九章集》、艾利葛那的著作、雅克布·伯默的一些段落，但尤其是在盖恩夫人的《灵性的激流》和西勒修斯·安吉奴斯的作品，最后则是苏菲派的诗歌——图鲁克提供给了我们拉丁语译本结集和另一德语译本，以及还有不少其他著作。苏菲派是伊斯兰教的诺斯替教派，因此，甚至萨迪也用一个词来形容它，翻译过来就是"充满洞见"的意思。一神论考虑到大众的能力，把存在的起源置于我们之外，是某一个客体。所有的神秘教或主义，苏菲派也一样，在其奥义传授的不同等级，都把存在的起源逐渐地再度拉回到我们自身，是主体，追随者最终就会带着惊奇和欢乐认得他自己就是这起源。神秘主义都共有的这一过程，我们看到在德国的神秘主义之父埃克哈特大师的描述中，不仅以尽善尽美的苦行者所要遵守的准则表达出来，"他不要在自身之外寻找上帝"（《埃克哈特的著作》，普费勒编辑出版，第1卷，第626页），而且也至为质朴地这样描述：埃克哈特的精神女儿，在自身体验了那种转变以后，找到了埃克哈特，向他欢呼着："大师，与我一道欢乐吧，我已成了上帝！"（同上书，第 465 页）苏菲神秘主义也是与此精神相一致地、一贯地主要表现出沉浸于这样的意识之中：人本身就是这世界的核心和一切存在的源头，一切也都回归到这源头。虽然在此也经常会要求放弃一切意欲，因为只有这样才有可能从个体存在及其苦痛中解放出来，但这要求却是次等重要的，并且当作某样轻而易举的事情。但在印度的神秘主义中，这后一方面则显现得强烈许多；而在基督教神秘主义中，这后一方面占头等重要的位置，以致一切神秘主义那本质性的泛神论意识，在此只是次要的，排在放弃一切意欲之后，是作为与上帝的结合而出现的。与这有差别的理解相对应，伊斯兰教徒的神秘主义有着某种相当快乐的特质，基督教徒的神秘主义的特性则是阴森和苦痛的，印度教徒的神秘主义则处于这两种神秘主义之上，在这方面也是折中的态度。

寂静主义（Quietismus），亦即放弃一切的意欲；禁欲主义（Askesis），亦即有目的地压抑自己的意欲；还有神秘主义（Mysticismus），亦即意识到自己的本体与一切事物本质的本体，或说与世界内核的本体——这三者是至为紧密相联的，谁要是承认了这其中之一，就会逐渐地接受其他两者——哪怕那有违自己的初心。没有什么比这更让人惊讶的了：尽管陈述那些学说的作者们，所在的时期、国家，所信仰的宗教都有着极大的不同，但他们都是互相吻合一致的；他们都带着坚如磐石的确定和发自内在的信念陈述其内在的体验。他们并不是组成了某一个教派，要去坚持、保卫和传播某一他们掌握了的和理论上受欢迎的教义，而是在大多数情况下，他们都是互相不知道的；事实上，印度教的、基督教的和伊斯兰教的神秘主义者，以及寂静派和苦行派等，在各方面都是不同的——除了在其学说的内在意义和精神方面。比较一下盖恩夫人的《灵性的激流》和《吠陀经》的学说，特别是《邬波尼煞昙》的段落（第1卷，第63页），就可得到这方面的一个至为值得注意的例子：这《邬波尼煞昙》极为简洁、但却精确地包含了那本法文作品的内容，甚至同样的形象，而这部著作却是盖恩夫人在1680年的时候不可能知悉的。在《德国神学》（唯一并非残缺的版本，斯图加特，1851）一书中，第2和3章上说，魔鬼的堕落和亚当的堕落，同样都是因为无论是魔鬼还是亚当都给自己用上了"我"、"我的"、"给我"等字词；在第89页是这样说的："在真正的爱里面，既没有我，也没有我的、你、你的一类的字词。"与这相吻合的是，在格劳尔翻译自泰米尔语的《蒂鲁古拉尔》的第8页："我那朝向外在的激情与朝向内在的我停止了。"（比较一下诗第346句）。在斯宾塞·哈代的《佛教手册》第258页，佛陀说："我的弟子摒弃'这是我'或者'这是我的'的想法。"总的来说，如果忽略掉外在情形所带来的形式，只探究事情的根本，那人们就会发现释迦牟尼佛和埃克哈特大师教导的就是同样的东西，只不过释迦牟尼佛可以直截了当地说出他的思想，而埃克哈特大师则不得不把他的思想裹以基督教神话的外衣，并让自己的表达与之相符。但埃克哈特大师在这方面走得如此之远，以致在他那里，基督教的神话就只是一种形象的语言，几乎就犹如古希腊神话之于新柏拉图主义者：新柏拉图主义者无一例外地把那些神话理解为寓意和比喻。在这同一方面，值得注意的是，圣方济各从优裕生活转入乞丐生活，与释迦牟尼佛走出的更大一步，即从王子转为乞丐，则是完全相似的；与此相应，圣方济各的一生和创办组织，恰恰就是一种印度出家人、乞士的生活。的确，值得一提的是，圣方济各与印度精神的相似之处也表现在他对动物的热爱和他经常与动物为伴，并通常称它们为兄弟和姐妹；还有就是他那美丽的颂歌透过赞颂太阳、月亮、星辰、风、水、火、土而表明了他那与生俱来的印度精神。[1]

甚至基督教的寂静主义者之间也常常互相很少，甚至根本就不知道彼此的情况，例如，莫利诺斯和盖恩夫人对陶勒和《德国神学》一无所知，或者基希特尔并不了解莫利诺斯和盖恩夫人。同样，他们所受教育的巨大差别也对他们的学说没有什么关键性的影响，因为某些人，例如莫利诺斯是博学的；其他人，例如基希特尔及许多其他人则没受什么教育。这些学说巨大的内在一致性，加上其坚定和肯定的陈述，更加证明了他们所说的是发自真正的内在体验；这种体验虽然不是每个人都能有的，而只有少数得天独厚者才会有幸接触，所以，这体验也获得了"恩典的结果"之名，但对其真实性，基于以上的理由却是不可怀疑的。要明白所有这一切，我们必须阅读那些著

---

[1]《圣方济各的一生》，圣波拿文都拉，第8章；《佛朗士·冯·阿西西》，K.哈斯，第10章；《圣方济各的颂歌》，施洛舍和斯泰勒编辑，美因河畔法兰克福，1842。

作本身，而不是仅满足于来自二手的描述，因为必须聆听完每个作者本身的阐述，才能对其做出判断。所以，要了解寂静主义，我尤其推荐埃克哈特大师、《德国神学》、陶勒、盖恩夫人、安托内蒂·布里尼翁、英国人班扬、莫利诺斯[1]、基希特尔；同样，作为证实苦行主义的深度和严肃性的实际证据和例子，由罗伊希林所编的《帕斯卡尔的一生》和他的《罗亚尔港的历史》，还有蒙塔朗贝尔伯爵所著《圣伊丽莎白的历史》和夏多布里昂的《朗西传》，都是相当值得一读的。但这一类所有重要的作品并不就是这些。谁要是读过这些著作并将其精神与苦行主义和寂静主义的精神（这交织在婆罗门教和佛教的所有著作中，在著作中的每一页都表达出来）比较一番，就会承认：每一套哲学为了前后一致，就必须摒弃上述思维方式，而这具体的做法就只能宣称这思维方式的代表就是骗子或者疯子，因此，这些骗子或者疯子就必然是错误的。现在所有欧洲的哲学体系——我的哲学体系除外——就处于这样的情形。那这样的疯狂就的确是很古怪的一种疯狂了，因为如此很不一样的环境和个人，但却表达出了这样一致的东西，并且被这地球上最古老的和最多的民族，亦即被亚洲大概四分之三的居民奉为其宗教的主要学说。但任何哲学都不可以让寂静主义和苦行主义的主题搁在那里不理不睬——假如人们把那问题摆在了它

---

[1]《米格尔·莫利诺斯的精神指引手册》，西班牙语版，1675；意大利语版，1680；拉丁语版，1687；法语版至今仍有，书名是《有关寂静主义和寂静主义者的多种文章合集，或者莫利诺斯及其弟子》，阿姆斯特丹，1688。

们面前。这是因为那主题与所有的形而上学和伦理学，就其素材而言是同一的。在这一问题上，我也期待和要求每一套哲学，连带其乐观主义，就此说出看法。而如果在我的同时代人的评判中，我的哲学与寂静主义和苦行主义的那种离奇的和前无例子的一致性明显就是绊脚石，那我却恰恰在这一致性中看到了证实我这哲学是唯一正确的和真实的证明，这也解释了为何在新教的大学，这哲学被精明地忽视和受到秘密的默不作声的处理。

不仅只是东方的宗教，其实还包括真正的基督教，都有着那完全的苦行的基本特性，而这特性在我的哲学里被清楚地解释为对生存意欲的否定，虽然新教，尤其是今天的形态的新教试图隐瞒这一点。甚至在近代出现的基督教的公开敌人也证明了基督教有着断念、否定自我、完全的贞洁和禁止意欲的学说，他们也完全正确地以"反宇宙的倾向"之名标示这些东西；并且还从根本上阐明这些东西是原初、真正的基督教本质上所独有的。在此，他们无可否认是对的。他们提出的这些是对基督教明明白白和赤裸裸的责备，但基督教的至深真理、更高的价值和崇高的特性却恰恰就在于此。这证明了某种晦暗不清的头脑思维，而这只能由此得到解释：这些人的头脑，很不幸地正如今天德国许许多多其他人的头脑一样，就是被那可怜的黑格尔勾当、这平庸的学派、这愚昧和无知的发源地、这败坏头脑的伪智慧完全破坏掉，从此变得怪诞了。人们现在终于开始认出黑格尔的学说就是这样的东西，对其尊崇很快就唯一留给丹麦学术院了，在这学术院的眼中，那个笨拙的江湖骗子就是至高的哲学家，他们要为其赤膊上阵：

因为所有人都会追随
无知和愚蠢大众的信仰和选择
最迟钝者就被奉为评判者

——拉伯雷

确实，真正和原初的基督教明显有着禁欲和苦行的倾向，那是源自《新约》的内核，经教会长老的著作进一步发展起来：这是所有一切努力所要达到的顶峰。我们看到这禁欲倾向的首要教条，亦即建议真正和纯粹的独身（这是否定生存意欲的第一和最重要的一步），在《新约》就已经表达出来了。[1] 斯特劳斯在《耶稣的一生》（第1卷，第618页，第1版），就《马太福音》19：11及以下所给出的放弃婚姻的建议，也说了这些：

人们为了不让耶稣说出一些与当今的看法相抵触的东西，就夹带一些私货，说耶稣只是考虑到当时的情况和为了扫除传播福音的障碍，才建议放弃婚姻。不过，在这的上下文里，这样的暗示比在《哥林多前书》7：25以下类似的段落还要少；在此，我们反倒看到又一处地方，那在艾塞尼教派中流行，并

---

[1] 《马太福音》，19：11及以下；《路加福音》，20：35—37；《哥林多前书》，7：1—11和25—40；《帖撒罗尼迦前书》1，4：3；《约翰一书》，3：3；《启示录》，14：4。

且大概在犹太人当中也流行更甚的**禁欲基本原则**，也从耶稣的教导中透射出来。

这一禁欲的倾向在稍后就比一开始时更明显地显现出来。在开始的时候，基督教还在寻觅追随者，不敢把其要求定得太高，随着第3世纪的到来，就强调要达到这一要求了。婚姻在真正的基督教里，就只是与人的有罪天性的某种妥协，是对那些缺乏力量争取最高目标的人的某种特许，是避免更大损坏的某种办法。在这一意义上，婚姻获得了教会的同意，所以，那结合也就是不可解除的。但是，独身和贞洁是基督教所提出的更高圣礼：人们以此得以进入受选行列；唯有通过独身和贞洁，人们才能得到胜利的王冠。甚至时至今日那摆放在未婚者的灵柩上的花环仍然暗示着这一点，恰如新娘在结婚当天脱下了花环。

关于这一点，一个不管怎样都是出自基督教的原初时期的证明，就是亚历山大的克罗门特（《杂缀集》，3，6和9）引自埃及人的《福音书》中上帝的言简意赅、含意深长的回答：

当萨乐美问上帝，死亡还将要主宰多久，上帝说，只要你们女人还在生孩子。

"意思就是：只要那情欲还取得优势"，克罗门特在第9章补充道。这些话被马上接到了《罗马书》5：12中的著名一段。此外，在第13章，克罗门特引用了卡西亚努斯的话：

当萨乐美问到她所询问的事情什么时候会揭示出来，上帝回答说，当你们把羞愧的外衣踩在脚下，当男女二性成了一个，当男性就像是女性和再也没有了男性也没有了女性的时候。

亦即当你们再用不着羞耻的外纱了，因为两性的一切差别都将消失了。

在这一点上，异端确实是走得最远的：早在第 2 世纪，就有塔蒂安派或者禁戒派、诺斯替派、马西昂派、孟他努派、瓦伦提尼安派和卡西安派，但他们只是始终如一地、不计后果地崇尚真理，并因此依据基督教的精神，倡导完全的节欲，而教会则把所有有违他们深谋远虑的政策的都精明地宣布为异端。奥古斯丁是这样说塔蒂安派的：

他们摒弃婚姻，并把婚姻与淫乱和其他的堕落行为相提并论；他们也不会把结了婚的人，不管是男还是女，接纳进他们的行列。他们不吃肉食，并且厌恶这些东西。

——《论异端》，25

不过，就算是正统的基督教著作家也如上述那样看待婚姻，并热切宣讲完全的节欲。阿塔纳修给出了婚姻的原因：

我们遭受着我们祖先所得的诅咒——因为上帝所着眼的目标并不是我们要透过结婚和堕落而出生，但由于亚当的不服从，触犯了上帝的戒律，所以就引发了生育。

——《阐释诗篇》，50

德尔图良称婚姻为"一个小的祸害，因宽容而起"，并且说：

婚姻就如同淫乱，是一种肉体交合：因为主已把对此的要求与淫乱等同。所以，人们会提出异议，说你连最原初的、在那时候的唯一的婚姻也摒弃吗？的确如此，并且是对的，因为那原初的婚姻也有人们称为淫乱的东西的成分。

确实，甚至奥古斯丁本人也完全承认这一信条及其所有结果，他说：

我知道一些人会嘀咕：假如所有人都想要戒除交配，那人类又如何持续存在呢？假如所有人都想这样就好了！只要那是发自爱、发自纯净的心灵、伴随着清白的良心和真诚的信仰，那天国就会更快地实现，这尘世就会加速结束。

再有：

但愿那些无用的抱怨，不会扰乱了你的努力——你通过这些努力，激励了许多人以你做榜样。也就是说，那些人问到如果所有人都想要节欲，那人类如何能够持续下去。就好像这世界还会因为另一别的理由而得以延长期限似的——除了要等到预先确定了数目的圣者齐备以外；但数目越快完备，那这世界末日就越不需要推迟。

与此同时，人们可看到他把解救与世界的完结视为同样的东西。奥古斯丁的著作中有关这一点的其他段落，我们可发现就集合在《奥古斯丁的忏悔，选自圣托伦斯编撰的奥古斯丁作品集》（1610）里面的"论婚姻"和"论独身"等，以此我们就可坚信：在古老、真正的基督教里面，婚姻就只是一种让步，并且其目的就只是生育小孩；而完全的禁欲则是比婚姻远胜一筹的真正美德。对那些不愿意亲自追溯源头的人，要消除所有有关基督教这里所说的倾向的疑问，那我建议他们阅读两部作品，卡洛威的《论独身的法则》（1832）和林德的《论前三世纪基督教的独身》（哥本哈根，1839）。我一点都不是要大家接受这些作者的个人观点，因为这些观点与我的观点是相反的，而只是唯独要大家注意他们所精心搜集到的报告和引述；这些自然的报告和引述，恰恰就因为这两个作者都反对独身，所以值得我们完全信任。卡洛威是理性的天主教徒，而林德则是新教的学生，而他们就是以这样的身份谈论这事情。在《论独身的法则》第 1 卷第 166 页，我们发现就这方面表达了这样的结论：

依据教会的观点，就正如在经典的基督教神学家的著作中，在教会会议成员和教皇的教导中和在正统的天主教徒的无数文章中所读到的，那贯彻始终的禁欲被名为神灵的、天上的、天使的品德，而能否在这方面获得神的恩助，则取决于是否对此认真地恳求。这奥古斯丁的教义也由凯尼休斯和在特兰托公会议宣布为永远不变的教会信仰，这一点我们已经证明了。但至于这作为教义被确定下来，直至今日，那1831年6月《天主教徒》就足以证明：在那期刊物第263页是这样写的："天主教教义中，**始终谨守禁欲和贞洁，看在上帝的份上，就其本身而言，似乎就是人的最高品德。认为始终谨守贞洁本身就是目的、**可以让人圣化和提升的观点，是深深扎根于基督教的精神和基督教明确的规定之中，就正如每一个对这些有所理解的基督徒对此都是深信不疑的。特兰托公会议已清理了所有有关这方面的可能的疑问。"——确实，每一个不带偏见的人都必须承认：不仅仅由"天主教"所宣布的教义的确是天主教的，而且那所提出的论据对天主教的理性来说也应该是绝对不容辩驳的，因为那是从教会对生活及其使命的基本观点中正确汲取来的。

此外，在同一部著作第270页：

虽然保罗把禁止结婚形容为异端，而《希伯来人书》更加犹太教的作者要求"婚姻，人人都当尊重，床也不可污秽"（《希伯来人书》，13：4），但这两个圣徒传记作者的首要方向却不会因此而遭错判。童贞对这两个作家而言是完美的，婚姻只是对弱者的一种急需，并且也只是作为急需而不受侵犯。然而，至高的努力却是投向于完全的、物质上的放弃自我。那自我要背弃所有只是给它和只是暂时给它欢乐的一切。

最后，在第288页：

我们同意扎卡利亚神父，他想说的是，独身（但不是独身法律）是首先从基督和使徒保罗的教导中推导出来的。

反对这真正的基督教基本观点的，时时处处就只是《旧约》，连带其"神看着一切所造的都甚好"。这一点，尤其可以从克罗门特的《杂缀集》中重要的第3部看得出来——在那里，在与上述严格自控禁欲的异端论战的时候，克罗门特提出的反对根据始终只是犹太教及其乐观的创世历史，而《新约》否定这世界的倾向确实是与这些相矛盾的。不过，《新约》与《旧约》的连接归根到底就只是某种外在的、偶然的、并的确是勉为其难的连接，而只有原罪的故事，就像我已说过的，给基督教的学说提供了唯一的连接点。并且，这一连接点在《旧约》那里是孤立存在的，并没有得到更多的利用。但根据《福音书》的描述，正是《旧约》的正统追随者导致了基督教创立者在十字架上的死亡，因为他们发现他的学说与他们的学说是相矛盾的。在上述克罗门特的《杂缀集》第3部，乐观主义连带一神教与悲观主义连带苦行、禁欲的伦理学，两者的互相对立让人吃惊地清晰地凸显出来。《杂缀集》第3部是针对诺斯替派的，而诺斯替派正是教导悲观主义和禁欲的，尤其是εγκρατεια（各种禁欲，但尤其是禁止一切性欲满足）；这就是

124

为什么克罗门特对诺斯替派予以强烈的批评。但与此同时，《旧约》的精神与《新约》的精神的对立已是隐约可见了。这是因为，原罪之说在《旧约》就犹如一道开胃菜——除了这原罪以外，《旧约》的精神与《新约》的精神是针锋相对的：前者乐观，后者悲观。克罗门特自己在第11部结尾处（"保罗让自己与造物主对立起来了，等等"）凸显了这种矛盾，虽然克罗门特作为一个规矩的犹太人，并不想承认这一点，而宣称这表面上似乎是这样而已。总之，相当有趣的就是看到在克罗门特那里，《新约》与《旧约》始终纠缠不清，克罗门特则竭尽全力把两者协调起来，但在大多数情况下却以《新约》排挤了《旧约》。在第3章开首，他批评了马西昂派：他们仿照柏拉图和毕达哥拉斯的样子，认为所创造的世界很糟糕，因为马西昂教导说那是一个由糟糕的素材组成的糟糕的自然，所以，人们不应定居在这世界里，而应放弃婚姻。对此观点，喜欢和领会《旧约》远甚于《新约》的克罗门特大为生气。他把这看成是对这世界的创造者，对那公正的造物主明显的忘恩、不满和敌意，而这些人本身就是这造物主的作品，但却鄙夷和拒绝应用这造物主的作品，在目无上帝的叛逆中"抛弃了合乎自然的意向"（"在其反抗创造者的时候——他们持续对创造者怀有敌意，不想应用创造者的创造——在对抗上帝的罪恶斗争中，抛弃了合乎自然的意向"）。怀着神圣热情的克罗门特，连原创性的荣誉也不想给予马西昂派；相反，克罗门特以闻名的博学多才为武器批评他们，以优美的旁征博引证明：古老的哲学家、赫拉克利特和恩培多克里、毕达哥拉斯和柏拉图、俄耳普斯和品达罗斯、希罗多德和欧里庇得斯，还有神巫，都深切哀叹这世界的苦难本质，亦即教导悲观主义。在这热情洋溢的旁征博引的同时，克罗门特并没有留意到这样做恰恰是为马西昂派的磨坊增加了水力，因为他展示了：

任何时候和任何最有智慧的人

都像他们那样教导和吟唱了同样的东西，他反而放心、大胆地引用古人在这一意义上最明确、最有力的话语。当然，这些都不会让他有所困惑或怀疑：智者就尽管慨叹存在的悲惨吧，文学家就此尽管抒发最撼动人心的哀诉吧，大自然和经验就尽管大声反对那乐观主义吧，但所有这些却不会让我们的神学家感到不安。他仍然手握着犹太启示录，充满信心。造物主创造了这一世界，由此就可先验地确信这世界就是很了不起的，不管这世界看上去是何种样子。至于第二个问题禁欲，也同样如此。根据克罗门特的看法，马西昂派透过禁欲暴露了对造物主忘恩和一意孤行地断然拒绝自己的天赋。既然悲剧作家已经为自控派提前做了工作（这是不利于他们的原创性的），并说出了同样的东西；也就是说，在哀叹存在没完没了的苦难的同时，他们补充说：在这样的世界上不要生孩子是更好的事情，那克罗门特现在就再度以最优美的段落证明这所说的，并与此同时指责毕达哥拉斯主义者由于这一缘故而放弃性欲的乐趣。但所有这些都不会让他有所为难，他仍然坚持自己的原则：所有的那些禁欲就是对造物者的犯罪，因为他们的确教导人们不

126

应结婚、不应生育孩子、不应再把不幸的人带到这一世界上，不应再把新的食物扔给死亡（"这是因为透过禁欲，他们就是对创造物和神圣的创造者、对全能的和唯一的上帝的犯罪，就是教导人们不应缔结婚姻和生育小孩，也不应继续把不幸的生灵带到这世界上，再把新的食物扔给死亡。"亚历山大的克罗门特，《杂缀集》，第3，6）。这有学问的基督教神学家如此谴责禁欲，似乎并不会预料到就在他的时期过去以后，越来越多地引入基督教教士阶层不婚的做法并最终在第11世纪成为规定，因为这是与《新约》的精神相符的。恰恰对于这一点，诺斯替派的把握和理解，要比我们那犹太教徒更甚于基督教徒的基督教神学家来得更深和更好。诺斯替派的理解在第9章开首就清晰展现了——在那里引用了埃及的《福音书》的话：

　　救世主本人说了，"我到来就是要消除女人的作品"：女人的作品也就是欲望的作品；这些作品就是生育和毁灭。

　　在第13章结尾和第14章开首则更是这样。当然，教会必须着眼于让一种宗教得以立足，能够在这样一个世界和在人群中立足和活动开来。因此，教会就会把这些人宣布为异端。在第7章结尾，我们的基督教神学家把他所认为的糟糕的印度苦行，与基督—犹太教做对立比较——这样，这两种宗教的精神的根本区别就清楚地凸显了。也就是说，在犹太教和基督教中，所有的一切都可还原为到底是服从还是不服从上帝的命令——我们这些被创造物，"我们这些由全能的意志所创造出来的人"（第 14 章）。此外，作为第二个义务，就是侍奉主，赞颂主的作品和心怀感激。当然了，婆罗门教和佛教看上去是相当不一样的，因为在佛教中，一切的改善、皈依，以及所希望的从这一痛苦的世界，从这一轮回的解脱，是发自对四个根本真理（四谛）的认识：（1）痛苦（苦谛）；（2）痛苦的起源（集谛）；（3）断灭痛苦（灭谛）；（4）实现断灭痛苦的八正道（道谛）（《法句经》，浮斯伯尔编辑，第 35 和 347 页）。对这四个真理的阐释，大家可看比尔努夫的《佛教历史入门》（第629 页）和对佛教的论述。

事实上，与基督教有亲缘关系的，并不是犹太教及其"一切所造的都甚好"，而是婆罗门教和佛教——这是根据其精神和伦理倾向而言的。是精神和伦理倾向，而不是裹着这些东西的神话，构成了一门宗教的本质性东西。所以，我不会放弃相信：基督教的学说是从那些原初的宗教以某种方式派生出来的。我在《附录和补遗》第 2 卷第 179 节已经指出了这方面的一些蛛丝马迹。要补充的是：伊皮法纽（《反异端》，18）说，自称为"拿撒勒人"的耶路撒冷的首批犹太人基督徒，节制不吃任何动物。由于这一起源（或至少是这种一致性），基督教属于人类古老的、真正的和崇高的信仰，那些信仰与希腊异教、犹太教和伊斯兰教所表现的虚饰的、平凡的和无益的乐观主义是互相对立的。琐罗亚斯德教在某种程度上居中间的位置，因为在阿赫里曼那里有着与奥尔穆兹德相对立的一个悲观的平衡。正如罗德在《琐罗亚斯德教民族的神圣传说》一书中所透彻证明了的，犹太教产生于琐罗亚斯德教：耶和华出自奥尔穆兹德，撒旦则出自阿赫里曼，而撒旦在犹太教中只是扮演了一个相当次要的角色，并的确几乎就是完全消失了——也只有透过如此的安排，乐观主义才得以占据上风，并且也只有原罪的神话作为悲观的成分留了下来，而这原罪的神话也同样（作为米施安和米施安尼的寓言）源自《阿维斯陀经》，但却已被人遗忘了——直至这寓言以及撒旦被基督教重新捡了起来。但奥尔穆兹德本身却是出自婆罗门教——虽然那是一个更低的层级：他不是别的，而是因陀罗——那次一级的、经常与人类争斗的天空之神，就正如杰出的 I.J.施密特在《论诺斯替—神智学的学说与东方宗教的渊源》所正确证明了的。这个因陀罗—奥尔穆兹德—耶和华必然是在后来进入基督教的，因为基督教产生于犹太教，但由于基督教的世界主义的特性，这神灵就放下自己的专有名字，以便在每一个皈依了的民族的语言当中，人们用被他挤掉了位置的个体超人的名字做称呼，例如"迪乌斯"（*Deus*，上帝），而这是从梵文 *Deva* 而来（魔鬼，*devil*，也是由此而来），或者在哥特—日耳曼民族那里，就用上源于 Odin 或者 Wodan、Guodan 的 *God*、Gott。同样，在从犹太教而来的伊斯兰教，就用上在阿拉伯已经存在的"阿拉"之名。与这些类似的就是，当希腊的奥林匹斯山神祇在史前移植到意大利的时候，就采用了在意大利已有的神祇的名字，所以，宙斯在罗马人那里就称为朱庇特，赫拉就称朱诺，赫尔墨斯则称墨丘利，等等。在中国，传教士碰到的第一个尴尬就是在中文里，并没有表达"创世"的种类名词或者字词，因为中国的三大宗教并没有创世主，既没有复数也没有单数。

不管其他方面如何，那《旧约》的"一切所造的都甚好"对真正的基督教来说是陌生的，因为在《新约》中，谈起这世界，那就是某样我们没有归属感、某样我们不爱的东西，其统治者就是魔鬼。[1]这是与否定自身和克服这世界的苦行精神相一致的，而这种精神，就像那对邻人，甚至对敌人的无边的爱一样，是基督教与婆罗门教和佛教共有的根本特征，也证明了它们之间的亲缘关系。没有什么像基督教那样，要区分其内核与外壳是如此的费功夫。正因为我珍视其内核，所以，有时候我就对其外壳不客气了。但这外壳却比人们通常所想的更厚。

新教在剔除了禁欲及其中心点以后，亦即独身值得嘉许的特性，其实就已经放弃了基督教最内在的核心，并因而可被视为对基督教的背离。在我们今天，这表现为逐渐地从新教演变为平庸的理性主义——这一现代的伯拉纠主义。而这伯拉纠主义最终就会沦为这样的学说：一个有爱心的父亲创造了这一世界，因此，在这世界上一切都是漂漂亮亮、让人心情愉快的

---

[1] 例如，《若望福音》，12：25 和 31，14：30，15：18，19，16：33；《哥罗森书》，2：20；《厄弗所书》，2：1—3；《若望一书》，2：15—17，4：4，5。借此机会，人们可看看某些理性神学家是如何以符合他们的理性主义的、乐观主义的和极其平庸的世界观的方式，极力曲解《新约》文本，甚至到了在译文中歪曲、作假的地步的。所以，H. A. 绍特在附加给格里斯巴赫 1805 版新拉丁文本中，把《若望福音》第 15 章 18、19 中的 κοσμος（即世界）翻译成 *Judaei*（即犹太人）；把《若望一书》第 4 章 4 的"世界"翻译成 *profani homines*（即卑鄙的人），把《哥罗森书》第 2 章 20 中的 στοιχεια του κοσμου（即世俗的原理）翻译成 *elementa Judaica*（即犹太的因素）。而路德则都把那字词诚实和准确地翻译成"世界"。

（当然他是必然不会成功的）；而如果人们就只是在某些方面顺应他的意愿和意志，那他在以后就会为这些人负责安排一个还要漂亮得多的世界（可惜的是，这一个漂亮的世界有一个如此痛苦和讨厌的入口）。这宗教对那些过着舒适生活、已婚生子和开明的新教牧师来说可能是不错的，但这可不是基督教。基督教是这样一种学说：人类由于其存在本身而有了深深的罪疚，人的内心有着从此存在得到解脱的渴望，但只有通过付出沉重的奉献和通过否定自己的自我，亦即通过人性的整个翻转才可得到解脱。从实际的角度看，亦即联系起路德想要革除他那个时期的教会暴行，路德有可能是完全对的，但从理论的角度看却不是这样。同样，学说越是崇高，那面对总体上知觉低级和恶劣的人性，这学说就越容易被滥用和糟蹋。这就是为什么在天主教中，那种滥用和糟蹋比在新教中多得多，厉害得多。例如，修士制，本来就是讲究方法地让人们共同在一起否定意欲，彼此互相鼓气，是一种高贵的机构和院舍。但也正因为这样，修士制大都是违背其精神的。教会那些气人的乱七八糟的行径在路德正直的心灵里激起了极大的愤慨。但因为这些恼人的事情，路德最后竟想要尽可能多地"压价"基督教本身。为此目标，路德首先把基督教局限在《圣经》的字词里，但之后，路德因受发自良好目的的热情的鼓动而走得太远了，因为他在禁欲的原则上攻击了基督教的核心。这是因为在禁欲原则退出以后，乐观主义必然很快就会代替其位置。但乐观主义在宗教里，一如其在哲学里，就是一个根本的错误，会挡住通往一切真理的去路。根据所有这些，在我看来天主教就是被

131

可耻地糟蹋了的基督教，但新教则是退化了的基督教；所以，基督教也就是承受了一切高贵、崇高和伟大的东西都会承受的命运——一旦这些要在民众中立足的话。

但尽管如此，就算是在新教内部，基督教本质上的苦行和禁戒派精神也再度宣泄出来，并由此形成了一个或许是前所未有的如此规模和带有如此明确性的奇特现象，亦即在北美一个极为引人注目的震教派分支，由一个英国妇女安娜·李在1774年成立。这个教派的信众已增至6 000人之多，分为15个堂区，在纽约州和肯塔基州有多个村庄，特别是在拿骚附近的新黎巴嫩区。他们的宗教生活戒条的根本特色就是独身和完全戒除一切性欲满足。这一戒条是完全诚实、严格地得到了遵守——这一点，就算是那些在其他各方面持讽刺和嘲弄态度的英国和北美来访者也是一致承认的，虽然兄弟、姐妹们有时甚至共住在一间屋子里，在同一张桌子上用餐，做礼拜的时候在教堂一起跳舞。这是因为谁要是做出了那最艰难的牺牲，就可以在主的面前跳舞：他就是胜利者、征服者。他们在教堂的歌唱是喜悦的，部分甚至是轻松愉快的歌曲。在布道以后的教堂舞蹈也得到了其余众人的唱和：打着节拍、热情奔放，最后就是急促奔跑，持续至精疲力尽为止。在每一次舞蹈之间，一个导师会高声喊道："请谨记：你们在主的面前欢庆消灭了肉体！在此是唯一用得上我们那倔强、反抗的四肢的地方。"其余大多数规定是与独身自动地连在一起的。没有家庭，因此也没有私人财产，有的只是公共财产。所有人都穿着同样的公谊会款式的衣服，极其干净和整洁。他们都是勤奋和苦干的：游手好闲是不会被容忍的。他们也有着令人羡慕的规定：避免一切没必要的噪音，例如喊叫、摔门、打响鞭、用力敲打东西，等等。其中一个是这样表达他们的生活戒条的：

过一种清白、单纯的生活，爱你的邻人，就像爱你自己，与所有人和平共处，放弃战争和流血以及一切针对他人的暴行，也放弃争取世俗的荣名。把别人该得的给予别人，谨守**神圣性**，因为没有那神圣性是不会看到天主的。利用一切机会，力所能及地为所有人做好事。

他们不会劝人加入，但对报名参加者却以多年的见习期加以考验。每一个人也都可以退出。极少有人因行为不检而被逐出。教徒所带来的孩子会得到精心的教育和培养。只是在他们长大以后，才由他们自愿做出入教誓言。有人也提到在他们的牧师与英国圣公会神职人员的争论中，后者通常都是败北的，因为论据是出自《新约》的段落。有关这些更详尽的报道，尤其可以在马克斯威尔的《走马看花在美国》中看到；再就是本尼迪克特的《所有宗教的历史》，1830；还有 1837 年 11 月 4 日《泰晤士》报和德文杂志 1831 年 5 月《哥伦布》。在美国的一个与这些教派很相似的、也同样是严格独身和禁欲生活的德国教派，就是拉普主义者，勒赫的《在美洲的德国人的历史和处境》对这些拉普主义者做了报道。在俄国，洛斯可尔尼基教派也应该是一个类似的教派。基特尔主义者也同样过着严格的禁欲生活。但早在古老的犹太人中，我们就可发现所有这些教派的原型，即艾赛尼派。对此派，甚至普林尼（《自然史》，第5，15）也有所描述，那与震教派非常的相似，不仅只是独身不婚，而且也在其他方面，甚至在礼拜时的舞蹈也很相似。[1] 这让人猜测震教派的创立者是否效法了艾赛尼派。与这些事实相比，怎么看路德的这一宣称呢：

我们身上的本性是由上帝植入的，假如那被强行拔掉，那在没有婚姻的情况下，人是不可能贞洁地生活的。

——《基督教大教义问答》

虽然基督教在本质上只是教导了整个亚洲当时早就已经知道，并且知道得更清楚的事情，但那对于欧洲却是一个崭新的和伟大的启示；因此之故，欧洲人的思想精神也全然改观。这是因为基督教向他们透露了存在的形而上的含意，因此教育了他们把目光超越那狭隘、贫瘠和短暂的尘世一生，不再把这尘世生活当作这尘世生活的目的，而应视为某种苦难、罪孽和考验的状态，是斗争和净化的处境——而人们通过道德的作为、艰难的死心断念和否定自我就可以从此状态中飞升至某种更好的、我们无法理解的存在。也就是说，基督教教导有关肯定和否定生存意欲的伟大真理，但却裹着寓言的外衣，因为它说由于亚当的原罪和堕落，所有人都遭受了那诅咒，罪孽来到了这一世界，罪疚遗传给了所有的人；但在另一方面，由于耶稣的

---

[1] 贝勒曼，《古代有关艾赛尼派和医治者的历史报道》，1821，第106页。

殉难，所有的人赎了罪，罪疚被消除了，正义得到了抚慰。但要理解这神话所包含的真理本身，我们就必须不仅把人视为在时间上彼此独立的生物，而且要理解有关人的（柏拉图式的）理念——这人的理念之于人的次序排列，就犹如永恒本身之于在时间上拉长和铺排开来的永恒；因此，那在时间上展现为人的次序排列的人的永恒理念，通过把这些人的排列联系起来的生殖纽带而再度在时间上呈现为一个整体。那么，如果我们牢牢把握着人的理念，那我们就会看到亚当的原罪和堕落表现了人的有限的、动物性的、有罪的本性——据此，人恰恰就是要落入有限、罪孽、苦难和死亡之手的生物。相比之下，耶稣基督的生活方式、学说和死亡表现了永恒的、超自然的一面，表现了人的自由、拯救。那么，每一个这样的人，就潜在可能性而言，既是亚当也是耶稣，这根据他对自己的把握和他的意欲据此对他的限定而定，而这样的结果就是他要么落入诅咒和死亡之手，要么获得解救和达致永生。这些真理无论在寓言的意义上还是在本意上，对希腊人和罗马人都是全新的，因为他们仍然完全融合在生活里，并没有把目光超越生活而认真往外审视。谁要是对这最后的说法有所怀疑，那就看看西塞罗（《为克卢安提乌斯辩护》，第61章）和萨鲁斯特（《喀提林阴谋》，第47章）是如何谈论死后的状态的。古希腊人和罗马人虽然在几乎所有其他方面都远远地走在了前面，但在首要的事情上，却还是像小孩一样。在这方面甚至还不如德鲁伊人，因为德鲁伊人还教导形而上学呢。至于少数一些哲学家如毕达哥拉斯和柏拉图想到了别的东西，在整体方面不会改变那事实。

那包含在基督教、婆罗门教和佛教里面伟大的基本真理，是人们所能有的最重要的、无与伦比的真理，亦即需要从这注定是苦难和死亡的存在中获得解救，而实现这一目标则是通过否定意欲，亦即明确与天性作斗争。与此同时，但这真理却是与人类的自然倾向完全相抵触的，也很难依据其真正的理据加以把握，就正如所有仅仅是在泛泛和抽象思维中的东西都与绝大多数人完全无缘一样。因此，为了把那一伟大的真理引入实际运用的范围，无论如何都需要某一神话载体，就好比需要某一器具一样：缺少了这一承载器具，那真理就会消失。所以，真理无论在哪里都必须借用寓言的外衣，而且始终要争取与某一历史中存在的、已经广为人知的和已经受到尊崇的人或事连接起来。一些东西，其本意是各个时期各个地方都有的思想低级、智力呆滞的野蛮大众所无法明白的，为了实际需要就要以寓言的意思告知他们，以便作为他们的指路明星。上面所说的教义和信条就可被视为神圣的器皿，以承载自数千年来，甚至自人类开始以来就已被认识和表达出来的伟大真理，让对广大民众而言始终是秘密学说的真理本身，以符合大众能力的方式，能为大众所接触、所理解，能把这真理保存和传递给以后的世纪。但由于一切不是完全彻底由纯净真理的牢固材料而组成的东西，都有被毁灭、被湮没的危险，所以，当这样的器皿时常由于某种与其格格不入的时期而遭遇这一危险时，那其承载的神圣内容就必须以某种方式、透过另一种器皿加以抢救并为人类保存下来。哲学的任务则是为无论任何时候都只是极少数的有思考能力的人，纯净不带杂质地、因而就是只用抽象的概念而不再用那承载物来表达上述神圣的内容，因为那些内容与纯净的真理是合一的。与此同时，哲学之于宗教，就犹如一条直线之于多条与其旁行的曲线，因为哲学是以本意说出、因此直接抵达宗教在遮遮掩掩之下所展现的和走了迂回曲折以后所到达之处。

假如我还想举出例子以说明我刚刚所说的，与此同时赶一下我这个时代的哲学时髦，尝试一下用我的哲学的基本概念解开基督教最深的奥秘，亦即三位一体，那运用做出诸如此类的阐释所应有的自由，我可以给出下面的解答。圣灵就是坚决否定生存意欲：具体表现出否定生存意欲的人，就是圣子。他与那肯定生活并因此创造出这直观世界的奇特现象的意欲（意志），亦即圣父是同一的，因为肯定和否定都是那同一个意欲（意志）的彼此相反的行为，其做出这两者的能力是那唯一的真正自由。可是，这些解答就只是想法游戏而已。

在我结束这一章之前，我愿意举出一些例子以说明我在第1卷第68节形容为"次好的道路"的东西。这里所说的"次好的道路"，也就是经由亲身的、深切感受到的苦痛所带来的否定意欲，因而不仅通过吸收了别人的痛苦和由此认识到我们存在的虚无和悲伤。这一类的升华以及由此所肇始的净化过程，其在人的内在的发生过程，可以透过每一个敏感的观众在观看一出悲剧时所体验到的加以了解，因为这些特性是彼此相近的。也就是说，大概到了第3和第4幕，观众由于看到主人公的幸福越来越受到损害和威胁而感到了痛苦和害怕；而在第5幕，当主人公的幸福被完全破坏和毁灭，观众就会感到了某种程度上的情绪升华，这所给予的满足，其性质远远高于看到主人公是如何春风得意时所产生的那种满足。像这样一种完全意识到是假象的东西，其刺激起来的淡若水彩般的感同身受，与在沉重的不幸把人们最后推至完全死心断念的港湾时，人们以真实的力度感受自己的命运，是同样的事情。所有那些完全转变人们的观点、态度、让人皈依的事情，都是以这些发生过程为基础的。就正如我在第1卷文本中已经描述的。一个与我在那里所讲述的雷蒙·卢尔的皈依故事极其相似、其结果也是值得纪念的，就是在此值得约略说一下的朗赛教士。他在青年时代沉迷于快感和肉欲。最后他与一个蒙巴松女士保持着狂热的关系。一天傍晚，他去拜访她的时候，发现她的房间空无一人、乱糟糟的和一片昏暗。他的脚踢到了某样东西：那是被人从人的躯干上砍下来的，因为这人在突然死亡以后，不被砍下那人头的话，尸体就无法放进那就在旁边的铅制棺材。在克服了无边的痛苦以后，从1663年开始，朗赛就成了改革那在当时已经完全偏离了严格戒条的特拉普会的人。他在承受痛苦以后就马上加入了特拉普会，并让这修士会恢复到那吓人的弃绝的程度，而时至今日，这特拉普修士会仍然坚持这些；并且这种讲究方法的否定意欲、为此所借助的最艰难的弃绝和一种严酷与苛刻得让人无法置信的生活方式，让来访者充满神圣的敬畏；而来访者在受到这些真正的修士的接待时，就已经被他们的谦恭所打动。这些修士由于忍饥、挨冻、守夜、祈祷和劳作而憔悴，他们就跪在来访者的面前以请求得到他们的祝福。在法国，在所有修士会中，这是唯一在经过了所有的根本性改革以后仍完全保留下来的一个。这要归功于那种严肃认真，这在那些修士那里是显而易见的，也排除了所有别的目的。这个特拉普苦修会甚至没有受到宗教衰败的影响，因为它的根子比起任何某一实在的教义和信条，都更深地扎根于人性之中。

在此所考察的、到此为止被哲学所完全忽略的在人性的内在所发生的巨大和快速的根本性变化，最常在一个人充满意识地走向暴力和肯定的死亡的时候发生，亦即发生在即将被处死的情形里。我在第1卷文本里提到过了。但为了把这些事情和过程更加清楚地展现在眼前，我认为把一些罪犯在受刑前的表现和看法放在这里一点都不会有失哲学的尊严，虽然这样做我会招来嘲笑，说我引发绞刑架下的布道。与此相反，我的确相信绞刑架是获得特别启示的地方，是一处瞭望塔：从这往外眺望，如果这人还保留着思考和意识的话，对永恒的所见比大多数哲学家在其理性心理学和神学的段落中所展现的，要更加的远阔，更加的清晰。下面的绞刑架下的布道是在1837年4月15日由一位巴特列写的，他谋杀了他的丈母娘：

英国人和同胞们！我只有很少的话要说，但我恳请你们所有人把这寥寥数语深入你们的心，把这些话保留在记忆里，不仅在你们旁观今天这悲惨景象的时候，而且要带回家，向你们的孩子和朋友重复。我作为一个行将死亡的人，一个现在已经看到了死亡工具的人请求你们。这数语就是：不要再眷恋这一垂死的世界及其虚无的欢乐，不要把心思放在这上面，而是要多想想你们的上帝。记得要这样做！皈依吧，皈依吧！因为请确信这一点：没有深深的和真正的皈依，不返回到你们的天父那里，你们就没有丁点的希望可抵达那极乐天堂和安宁之地，而我坚信现在是在快步赶往那地方了。

——根据 1837 年 4 月 18 日《泰晤士报》

还有更值得注意的是，在 1837 年 4 月 18 日被处死刑的著名谋杀犯格林尔克最后的表态。英国《邮报》对此作了如下的报道，这也在《加利尼亚尼信使报》上登了出来：

在行刑的那天早上，一个先生向他推荐说，他可以信任上帝，请求通过耶稣的中介而得到原谅。格林尔克回应说，请求透过耶稣的中介而得到原谅是看法的问题；而他呢，则相信在至高无上的神灵的眼中，一个伊斯兰教徒和一个基督徒是相等的，对极乐有着同样多的权利。自从他入狱以来，他就把全副精神投入到神学方面的事情，并最终确信：绞刑架是通往天国的关口。

恰恰就是在此表现出来的对实在宗教的无动于衷，让他们的这些看法更添了分量，因为这证明了那些看法并不是错觉，而是以自己的、直接的认识为基础。需要一提的还有下面的扼要描述，1837 年 4 月 15 日《加利尼亚信使报》取自《利默里克纪事报》：

上星期一，玛利亚·库尼因残忍谋杀安娜·安德森而被处死了。这个可怜人内心是如此深切地感受到自己的大罪，她吻了放在她脖子上的绳索，一边谦卑地祈求着上帝的怜悯。

最后还有这些登在 1845 年 4 月 29 日《泰晤士报》的多封信件，是因谋杀德拉如而被判死刑的霍克在被处死前一天写的。在其中一封信里，霍克写道：

我深信：除非那**自然的**心脏破裂了，经神的恩典得到了更新，否则，不管那心在世人眼中如何的高尚和可爱，但那终究永远不会想到了永恒而又伴随着内心的战栗。

这些就是我上面提到的从那瞭望塔中透视永恒的景观，我就不客气地把这些放在这里，尤其是莎士比亚也说过：

从这些皈依者那里
可以听到和学到很多东西。

——《皆大欢喜》，最后一景

基督教也把在此所描述的净化和神圣化的力量归之于苦难，把与此相反的作用归之于基督的舒适和安好——斯特劳斯在《耶稣的一生》（第 1 卷，第 2 部分，第 6 章，第 72 和 74 节）中就证实了这一点。也就是说，《登山宝训》中的真福，在《路加福音》（6：21）中的含意与在《马太福音》（5：3）中的不同，因为只有后者才给"你们贫穷的人有福了"补充了

"虚心"，给"饥饿的人"补充了"慕义"，亦即只有在《马太福音》中指的是单纯的、谦卑的等，而在《路加福音》那里，指的是真正贫穷的人——这样，在此就有了现在的苦难和将来的好生活的对照，对以便尼贫圣会，那首要的定理就是：谁要是在这一生得到了他的份额，那在将来就是两手空空的，反过来亦然。因此，在《路加福音》那里，福乐之后紧随的是同样多的苦痛，而这些苦痛，根据以便尼贫圣会所理解的含意，是大声对"富足的"、"饱足的"、"喜笑的"人说的。斯特劳斯在第 604 页说，那有关财主和拉撒路的寓言（《路加福音》，16：19）也是同样的意义，因为那完全既没有讲述财主做了什么坏事，也没有说拉撒路的功劳；而将来的报应并不是以在此生中所做的好事或者所犯下的恶行为标准的，而是根据在此生，在以便尼贫圣会的意义上所承受过的和享受过的好处。斯特劳斯接着说：

其他的以相同观点叙述《福音书》的作者（《马太福音》，19：16；《马可福音》，10：17；《路加福音》，18：18）也在富有的少年人的故事和骆驼与针眼的警句中，说耶稣对外在的贫穷有类似的尊重。

如果我们深究这事情，那就会认清楚，甚至《登山宝训》中最著名的段落，也有间接指示自愿清贫的内容，并以此否定意欲的内容。这是因为那要无条件顺应别人所有对我们的要求的规定（《马太福音》，5：44 以下），那谁要是争论说我们的无袖内衣是他的，就把我们的大衣也给他，等等，以及同样的不要为将来，甚至不要为明天忧心，要无忧无虑过日子——要遵守这些人生规条的话，肯定就会导致赤贫，也就因此以间接的方式说了佛陀直接规定其弟子要做的、他自己也以身作则做出的事情，亦即抛弃一切成为比丘，亦即乞士。还有比这方面更明确的意思就出现在《马太福音》，10：9—15 中：在那里，使徒们不准拥有任何财产，甚至鞋子和步行杖，耶稣指定他们要行乞。这些鬼跳就成了以后圣方济各行乞修道会的基础（圣文德的《圣方济各的一生》，第 3 章）。这就是为什么我说，基督教的道德伦理精神与婆罗门教和佛教的道德伦理精神是同一的。与在此所阐述的整个观点相吻合的，是埃克哈德大师（著作总集，第 I 卷，第 492 页）也说过的：

那把我们带至完美的最快的坐骑，就是痛苦。

生存空虚学说的几点补充

142

生存的虚无表现在其整个形式，表现在时间和空间的无限性和相比之下个体在这两者中的有限性，表现在匆匆即逝的现时（而现时就是现实的唯一存在形式），表现在所有事物的依赖性和相对性，表现在持续成为而不存在，表现在持续地渴望而又无法满足，表现在争取持续受到障碍（生活也就由此组成），直至这些障碍被克服为止。时间以及在时间里面和借助于时间的所有事物所具有的短暂性，不过就是形式；在这形式之下，生存意欲的奋斗的虚无性就显露给了生存意欲——这作为自在之物是常驻不灭的东西。时间就是这样的东西：由于其缘故，所有一切在每一刻都在我们的手里化为虚无，也由此失去一切真正的价值。

143

过去曾经存在过的，现在已经不再存在；其不再存在就犹如从来不曾存在过似的。但此刻存在的所有一切，在接下来的另一刻就已成了曾经的存在。所以，最没有意义和最不重要的现在相对最有意义和最重要的过去都有现实性的优势；这样，现在与过去的关系就恰似有与无。

人们惊讶地发现：在不曾存在了数千万年以后，自己一下子存在了；然后，经过短暂的时间，自己重又回到那同样长时间的不存在。这种情形总好像不大对头——我们的心在说。就算是理解力粗糙的人，对此思考一番也会隐约感觉到了时间的观念性。时间的观念性和空间的观念性是一切真正形而上学的钥匙，因为透过这些就可以为那另一种与大自然秩序完全不同的事物秩序铺垫了道路。康德的伟大正在于此。

我们生活中的每一事件只有在某一刻才属于现在时的"是"（Ist），然后，就永远成了过去时的"曾经是"（War）。每到了晚上，我们就又少了一天。看着我们那段短暂的时间一点点地流走，我们或许会躁狂起来——假如在我们的本质深处不是秘密地意识到：永不枯竭的永恒之源属于我们，在将来和随时都可以从这一源泉中更新生命的时间。

基于上述思考，我们当然就可以奠定这样的理论：享受现时此刻，把这当成生命中的目标，就是最大的智慧，因为只有现时此刻才的确是唯一真实的，其他一切都只是我们的想法和念头而已。但是，我们也同样可以把这种做法视为最大的愚蠢，因为在接下来的一刻就不再存在，就像梦一样完全消失的东西，永远不值得严肃、认真地努力和争取。

144

　　我们生存的立足点除了不断消逝的现时以外，别无其他。所以，我们的生存从根本上就是以持续的运动为形式，并没有获得我们所渴求的安宁的可能。这就像一个跑下山坡的人：要停下脚步的话，就必然跌倒在地，也只有继续奔跑才不至于倒下。也同样，就像在手指尖上保持平衡的木杆。再就是像行星——一旦这行星停止向前运动，就会撞入其恒星之中。因此，活动不息就是存在的特征。

　　在这样一个没有任何某种固定性的世界里，持续不变的状态是不可能的，一切都在不息地循环和变化；一切都在匆匆前行和奔驰，恰似不停地迈步和运动以保持身体平衡的走钢索者。在这样的世界里，幸福简直是不可想象的。幸福无法在一个只是发生着柏拉图的"永恒的形成、永远不会存在"的地方安身。首先，没有任何人是幸福的，相反，每一个人终其一生都在争取某种臆想的幸福——这种幸福极少达到，就算达到了，也只会以失望告终。一般来说，每个人最终抵达港湾之时，船体已是千疮百孔，桅杆、风帆都已消失无踪了。不过，既然生活只是由转瞬即逝的现时所构成，现在又即将完结，那这个人到底曾经是幸福的还是不幸的就都一样了。

　　但是，让人惊奇的是，在人类和动物世界里，人和动物那如此巨大的、多样的和不息的运动，却是由这两种简单的动力——饥饿和性欲——所产生和维持的，至多加上无聊的少许帮助；这两种欲望竟能够为如此复杂的机器传送"第一推动力"，展开了这些五光十色、变化多端的木偶戏。

现在，如果我们更仔细地考察这事情，我们首先就可看到无机物的存在每一刻都在受到化学力量的作用，并最终被这些化学力所销蚀；而有机物的存在只能经由物质不断地变化才得以成为可能，而这又需要持续不间断的流动，因而就需要得到来自外在的帮助。所以，就其本身而言，有机的生命就已经像是在手上为取得平衡而必须始终处于运动状态的木杆；因此，有机的生命就是持续不断的需求、总是一再重复的匮乏和没完没了的困苦。但也只能经由这种有机生命，意识才成为可能。据此，这所有一切都是有限的存在，与其相对立的则可被理解为无限的：既不会受到来自外在的销蚀，也不需要来自外在的帮助，因此就是"永远保持不变"、处于永恒的安宁，"不生也不灭"，没有变化，没有时间，没有多样性和差别性，对这些的否定性认识构成了柏拉图哲学的基本音调。否定生存意欲以后，所通往的必然就是这样一种存在。

145

我们生活中的场景就像粗糙的镶嵌在砖上的图案：靠得太近时，这些图案无法产生作用，而只能从远距离观看才会发现这些图案的美丽。所以，"得到了我们热切渴望之物"就等于发现了那是空洞和无用的。我们总是活在对更好的期待之中，也经常在同一时间后悔和怀念往昔的时光。而现时则只是暂时忍受而已，只被视为通往我们目标的途径。因此，在就快到达人生的终点时，回眸往昔，大多数人都会发现自己整个一生都是"暂时"地活着；他们会很惊讶地看到：自己如此不加留意和咀嚼就听任其逝去的，恰恰就是他们的生活，恰恰就是他们在生活中所期待之物。这样，一个人的一生总的来说就是被希望愚弄以后，跳着舞扎进死亡的怀里。

但除此之外，还有个体意欲的贪得无厌，也正因此，每一次的满足就产生出新的愿望，其渴求永不满足，了无尽期！但是，这一切归根到底都是因为意欲本身就是统治世界的君王，遍及一切；因此，部分是难以让它满足的，只有全部（但那又是没有尽头的）才能让它满意。同时，当我们考虑到这世界君王在其个体现象中所获得的，却是那样的少之又少，通常仅足够维持个体的身体，那必然激发起我们的同情。个体深深的痛苦和烦恼也就由此而来。

146

我们正处于精神无能的时期，其标记就是人们尊崇各种各类拙劣的东西，而人们用以表示这时期的自创词，"现在今天"（jetztzeit）可谓相当贴切；这词含义自负、声音刺耳，似乎其"现在"就是"不折不扣"的"现在"，为了这一"现在"的到来，在这之前的所有其他"现在"都只是搭桥铺路而已，因为甚至泛神论者也毫不害羞地说出，用他们的话来说，生命就是"目的本身"。假如我们的这一存在就是世界的最终目的，那这目的就将是最愚不可及的，不管定下这一目的的是我们抑或另有其他。

生命首先就表现为一个任务，也就是说，要维持这一生命的任务，亦即法语的 de gagner sa vie。这一问题解决以后，那争取回来的却成了负担，第二个任务也就接踵而至：如何处理、安排这一生活，以抵御无聊——这无聊就如同在一旁窥伺着的猛兽，随时扑向每一生活安定的人。因此，第一个任务就是争取得到某样东西，第二个任务则是在争取得到这东西以后，让我们不会感觉到这样东西，否则的话，它就成了一个负担。

人的存在肯定是某种错误，这一点只需简单留意下面这些就足够清楚了：人就是需求的集合体；那很难才能得到的满足，除了带给他没有苦痛的状态以外，再无其他；而处于这样的状态，他仍会落入无聊的魔掌。这直截了当地证明了：存在就其本身而言是没有价值的，因为无聊恰恰就是感觉到了这一生存的空洞、乏味。也就是说，我们的本质和存在就在于渴望生活，而假如生活本身真有肯定的价值和真实的内容，那是无法产生无聊的。仅仅只是存在本身就已经让我们充实和满足了。但现在，我们对自己的存在并没有感到高兴——除非我们正在争取达到某一目标：那样的话，因为距离遥远和遭遇障碍，这一目标就会造出带给我们满足的假象，但目标一旦达到，假象也就随之消失了；或者除非我们正在从事纯粹的智力活动：在进行这些活动时，我们其实是从生活中抽身出来，以从外面回头审视这一生活，就像坐在包厢里的旁观者。甚至感官乐趣本身也只在于持续的争取，而一旦他的目标达到了，快乐也就消失了。每当不是处于上述两种情形，而是退回到存在本身，生存的空洞和虚无感觉就会袭向我们——这就是我们所说的无聊。甚至那扎根于我们内在的、无法消除的对奇特事情的追求和喜好，也显示出我们是多么巴不得看到事物发展那无聊、乏味的自然秩序能够中断。甚至大人物的奢侈、热闹的喜庆和富丽堂皇的排场也不是别的，而正是徒劳地想要超越我们存在的那种本质上的贫瘠状态。这是因为那些贵重宝石、珍珠、羽饰、天鹅绒，还有如此之多的蜡烛、载歌载舞、戴上又摘下的面具，等等，细想之下，到底又算得了什么？没有人会在现时感到完全幸福，真的感到完全幸福的话，那他就是喝醉了。

147

　　表现为人的机体那些极尽巧妙和复杂的装置的，是生存意欲至为完美的现象；这些现象最终都要化为尘土。这些现象的整个本质和争取最终也就明显地归于毁灭。这就是永远真实和坦率的大自然所给予的单纯、朴实的表达，即这意欲全部争取的从本质上就是虚无的。假如我们是某样就其自身而言是有价值的东西，是某样无条件的东西，那就不会是以非存在为目的。对这一道理的感觉就构成了歌德的优美诗句的基础：

　　在古老塔顶的高处，

是英雄的高贵精灵。

死亡的必然性首先从这一事实推导出来：人只是一种现象，并不是自在之物，因此并不是"真正存在的"。这是因为假如人就是自在之物，那人就不会消亡。至于构成了这些现象的基础的自在之物，却只能在现象里呈现出来，那是自在之物的特性所致。

我们的开始和我们的结束，形成多么强烈的反差！前者是情欲的幻想和性欲的陶醉，后者则是所有器官的毁坏和尸体的恶臭。从开始到结束，在愉快和生活乐趣方面，走的也始终是下坡路：快乐幻想的童年，兴高采烈的青年，艰苦劳累的中年，身衰力竭并经常是可怜的老年，临终疾病的折磨和最后与死神的搏斗——这一切难道没有直截了当地表明：存在就是错误的一步，其后果逐渐和越来越明显地显现吗？

把生活视为幻灭是最正确的看法，所有一切都清楚无误地指示着这一点。

147（补充）

我们的生活具有某种微观的特性：它是一个不可分的点，我们透过时间、空间这两个强力透镜所看到的是拉开了的、也因此是放大了许多的生活。

时间是我们头脑中的装置，目的就是透过时间上的持续，让事物和我们自身那完全虚无的存在披上了一层现实性的外衣。

由于在过去错失获得某一幸福或者享受某一快乐的机会而后悔和哀叹,这是多么愚蠢的事情啊!因为这些幸福或者享受到现在还剩什么呢?只是干瘪的记忆罢了。我们真实得到过的一切,也不外如此。据此,时间形式本身就是一种手段和方法,就好像是特意要让我们明白所有尘世间的快乐都是虚无的。

我们和所有动物的存在并不是某种牢固的、至少是暂时保持不变的东西,而只是流动性的存在,其存在只能通过持续不断的、好比旋涡一样的变化。这是因为虽然身体的形式暂时和大致地存在,但其条件却是物质持续变化,不断地新陈代谢、吐故纳新。与此相应,所有那些生物的首要工作,就是时刻去争取适合流入身体的物质。与此同时,他们也意识到以上述方式只能短暂地维持像他们这样的一种生存构成。所以,他们就力求在死亡临近时把其存在交付给即将取代他们的另外的生物。这种追求和努力就以性欲的形式出现在自我意识里,而表现在对其他事物的意识,亦即表现在对客体事物的直观,那就是生殖器的形态。我们可以把这种冲动和驱力比之于串起珍珠项链的一条线,而那些快速交替着的个体生物则对应着这条线上的珍珠。如果我们在想象里加快这种交替,并且在整个序列中,同时也在单一个体里,总是只看到永恒的形式,而物质材料则持续在变化,那我们就会意识到:我们只有某种半存在。对存在的这种理解构成了柏拉图这一学说的基础——这一学说告诉我们:存在的只是理念,而与理念对应的事物只具有影子似的构成。

我们纯粹只是现象，与自在之物截然有别——可以通过下面这一点而得到形象的说明和证明：我们的存在不可或缺的条件就是物质持续地流入和流出，对作为食物、营养的需求总是一再重复，因此，我们就像那些经由烟、火或者喷射的水流所引出的现象：一旦没有了物质供应，这些现象就会暗淡或者停止。

我们也可以说生存意欲只表现为纯粹的现象，而这些现象将完全、彻底地化为无。但这种无和连带现象却始终是在生存意欲的范围之内，在此基础上。当然，这些是模糊的、难懂的了。

把人类世界的全部一眼尽览，那我们就会看到处处都是无休止的争斗，都是用尽一切身体和精神的力量，为了生存的激烈搏斗，所面对的是各式各样威胁我们的随时会发生的危险和不幸。然后，看看付出所有这一切努力所换回的报酬，看看那存在和生活本身，那我们或许会发现某些没有苦痛的间歇时间，但这些时间马上就会受到无聊的袭击，很快就被新的痛苦所终结。

在需求和匮乏的背后就是无聊，甚至比较聪明的动物也受其袭击。这是生活并没有真正的内涵所致，生活只是通过需求和幻象而维持其活动。但一旦这些需求和幻象没有了，那存在的空洞和空虚就暴露出来了。

如果我们不再从大处审视世事发展的进程，尤其是人类快速的世代更迭及其匆匆一现的存在假象，转而观察人类生活的细节，大概就像在喜剧中所展现的样子，那这些所造成的印象，就犹如透过高倍显微镜观察满是纤毛虫的一滴水，或者察看肉眼难见的一小块奶酪菌——里面的螨虫辛勤地活动和争斗，使我们失声而笑。这是因为正如在这极为狭窄的空间展开严肃认真、隆重其事的活动会造成喜剧效果，那在极为短暂的时间里做出同样的事情也同样如此。

种属的生命

在前一章里，我们回顾了这一点：不同等级的生物，亦即生存意欲的充分客体化，在个体的与时间形式紧密相连的认知中，其（柏拉图式的）理念就表现为种属，亦即表现为通过生殖的纽带而接连不断的和相类似的多个个体；因此，种属就是在时间上拉开来的理念。所以，每一个生物的自在本质首要是在它的种属当中，但种属却同时也只在个体中有其存在。那么，尽管意欲只在个体那里达到了自我意识，也就是说，只是作为个体而认识到自己，但那藏于深处的意识，即意识到它的本质其实就客体化在种属，却突出表现在这方面：对个体而言，种属的事务，亦即两性的关系、生殖和哺育幼小后代，比起所有其他事情都重要得多，也让个体更加的操心。由此而来的是动物的发情（对这激烈情形的出色描绘，可见于伯尔达哈的《生理学》，第 1 卷，第 247 和 257 节）和人们在选择另一个体以满足其性欲时那种小心、挑剔和任性、执拗——而这可以一直发展成狂热的爱情。对此更加仔细的探究，我会另辟专门一章。最后，由此而来的是父母对其幼小孩子的充溢的爱意。

在第 2 卷的增补里面，我把意欲比之于树根、智力比之于树冠，这无论是在内在还是在心理上都是如此。但在外在，或者在生理上，生殖器却是树根，头部则是树冠。虽然提供营养的部分不是生殖器而是肠子的绒毛，但是，这些却不是根子，只有生殖器才是根子，因为只有通过生殖器，个体才能与其所扎根的种属联系起来。这是因为个体在身体的、有形的方面是种属的产品，在形而上的方面则是理念的多少有点不完美的图像，是在时间的形式上作为种属表现出来的。与我在此所说的关系相一致，脑髓与生殖器官的最强活力和衰弱是同时的和相关联的。性的冲动可被视为树（种属）的内在推力——依靠这推力，个体生命就萌芽和生长了，就犹如树的叶子是由树来滋养和反过来帮助滋养那树一样。这就是为什么性的冲动是如此的强烈和来自我们的本性深处。把一个个体去势，就等于把他从他所出自的种属之树剪了下来，让他就这样分开着枯萎。他的精神和身体力量的退化和降级就由此产生。至于在为种属服务以后，亦即在授精以后，动物个体就会随之暂时精疲力竭，而绝大部分的昆虫则随之，甚至很快就会死亡，这就是为什么凯尔苏斯说射精就意味着损失部分的灵魂；至于在人那里，生殖力的消失就显示那个体现在是走向死亡；至于过分消耗那生殖能力在任何年龄段都会缩短寿命，而节制、禁欲则会提升所有的力量，尤其是提升肌肉的力量，所以，禁欲属于希腊运动员为竞赛所做的准备；至于那同样的禁欲可以让昆虫的生命，甚至延长至接下来的春天——所有这些，都表明了个体的生命归根到底就只是从种属生命那里借来的，所有的生命力就好比是经过堤坝的拦截而流出的种属力量。但这可由此予以解释：生命的形而上的基质直接就在种属，并且也只有通过种属才在个体那里显现。与此相应，在印度，阴茎与女阴一道被视为种属及其不朽的象征而受到尊崇，并且作为对死亡的平衡，被认为是主管死亡的神灵——湿婆——的属性。

但是，撇开神话和象征来说吧，那激烈的性冲动，每一只动物、每一个人在进行性事时那种炽烈的狂热和深切的严肃劲儿，证明了透过那服务于性事的功能，动物就是属于它们的真正本质所在的东西，亦即属于种属；而所有其他功能和器官都直接只服务于个体，个体存在从根本上也就只是次要的。再者，那激烈的性冲动——这就是整个动物本质的焦点——表达了这样的意识：个体不会持续存在的，因此，一切都得放在维护种属上面，因为个体的真正本质就在种属里面。

为说明上述观点，就让我们具体想象现在一只动物正在发情，正在交配之中。我们在这动物那里看到了一种从不曾在这动物那里看见过的严肃和狂热。在这同时，在这动物那里正发生着什么呢？它知道它是必定要死亡的吗？知道通过它此刻所做的事情，一个新的、但却与它完全相似的个体将会形成以取代它吗？所有的一切都是它不知道的，因为它是不思考的。但它却操心着它的种属在时间上的延续，它是那样的热切，就好像它知道所有那一切似的。这是因为它意识到它意欲活着和存在，这最高一级的意欲就透过生殖行为而表达出来：这些就是在它的意识中所发生的事情。这对于有生命之物的持久存在也就完全足够了，恰恰是因为意欲是根本的，认知是附加的东西。正因此，意欲一点都不需要得到认知的指引，而是一旦意欲以其原初性选择了，这意愿就会自动客体化在这表象的世界。那么，假如就是我们所想象的那动物形态，就是以这样的方式意欲生活和存在，那它就不会是意欲那一般的、泛泛的生活和存在，而意欲就是那形态的生活和存在。所以，是在它同类的雌性中所看到的它的形态，刺激着动物的意欲要去生殖。它的这个意欲从外在和在时间的形式之下察看，就表现为这样一种动物形态：那是在无尽的时间当中，通过不断重复的以个体取代个体，亦即通过死亡和生殖的变换加以维持；这些死亡和生殖以此看来，显得就只是那永恒的形态所发出的脉搏跳动而已。我们可以把这些比之于吸引力和排斥力：物质就是通过这两种力的对抗而延续存在。这里在动物身上所证明了的也适用于人类：因为在人那里，虽然生殖行为是伴随着对其目的原因的充分认知，但却并不是由认知所指引，而是直接发自生存意欲，是生存意欲的浓缩和集中。生殖行为因此可以归为本能的行为。这是因为动物的生殖活动并不怎么受到对目标的认知的指引，正如动物的本能本领也是如此：在动物的本能本领里面，意欲也基本上是在没有认知的媒介之下表现出来的，因为认知在此与在生殖行为那里一样，只是听任细节的决定。生殖是在某种程度上最让人惊叹的本能本领，其作品是至为惊人的。

这些考察可以解释为何性的欲望会带有一种与每一种其他欲望都相当不一样的特性；性的欲望不仅是至为强烈的，其特定的性欲甚至比起所有其他欲望都要有力。这种欲望无论在哪里人们都心照不宣地认定为是必然的和不可避免的，而不像其他欲望那样是趣味的或者心血来潮的事情。这是因为这是一种甚至构成了人的本质的愿望。在与之冲突时，并没有什么动因如此强烈地以致可以肯定战而胜之。这是如此重要的头等大事，假如这无法获得满足，那任何其他享受都无法予以补偿；为了性欲的缘故，动物和人会不惜冒险和争斗。对这种天然品性的直白表达就是在庞贝古城的妓院门上伴以阴茎装饰的这一行铭文：在此寄居着快乐。这一句铭文对进入此门者而言是单纯质朴的，对走出此门者则是讽刺的，而就其自身而言这铭文则是幽默的。但生殖冲动的洋溢之力则严肃和庄重地表达在这一行铭文——这（根据士麦那的赛翁，《论音乐》，第47章）是奥西里斯写在了他为永恒的神灵而建起的柱子上面：

献给精神、天空、太阳、月亮、大地、黑夜、白天，献给一切和将要成为一切的父亲，献给厄洛斯。

同样，也表达在卢克莱修的著作开首所写的优美的呼语：

艾尼阿斯的母亲，人、神的快乐，
带来福祉的爱神维纳斯

与所有这些相应的，就是两性关系在人类社会中所扮演的重要角色。在此，男女关系其实就是一切所作所为的看不见的中心，尽管这上面罩着重重的纱幕，但还是时时处处向外探头探脑。这是战争的原因与和平的目标，严肃的基础和戏谑的目的，是机智调皮的不竭源泉，是一切影射的密码，是一切秘密暗示、一切不曾宣之于口的提议和一切偷瞟目光的含意，是年轻人甚至经常是老人每天全副的心思所在，是非贞洁之人每一个小时的念头和贞洁之人有违自己意愿的挥之不去的遐想，是随时可做玩笑的素材——恰恰只是因为这骨子里面藏着最严肃的东西。但这世界的讽刺和好笑之处，就是这所有人的头等大事却在暗中隐秘地进行，表面上却尽可能做出不加留意的样子。但事实上，人们可看到这本能在每一刻都是这世界真正的和世袭的君主，自身充满着无敌的力量，从那传承下来的宝座上，以嘲弄的目光笑看人们做出种种的工夫和事情去制服、囚禁，起码去限制它，如可能的话，把它完全掩藏起来；或者控制着这本能，让其看上去就像生活中的一桩完全次要的和枝节的事情。但所有这些都是与这一点相符的：性欲是生存意欲的核心，所以，是所有意欲活动的浓缩；也因此，我在第 1 卷的文本中把生殖器名为意欲的焦点。的确，我们可以这样说，人就是具体的性欲，因为人的起源就是性交，他的愿望中的愿望就是性交，而这一欲望唯独使那现象得以长存和固定在一起。生存意欲虽然首先表现为维护个体而奋斗，但那只是朝向维护种属的一个阶段；而为维护种属的奋斗必然在程度上更加的激烈，因为种属的生命在持久、延伸和价值方面都超出了个体的生命。因此，性的冲动和欲望是生存意欲最完美的外现，是其最清楚地表达出来的典型。与此完全一致的是，个体起源于此性欲和性欲对自然人的所有其他愿望的优先权。

在此适宜再说一个生理学方面的意见，这帮助说明了我在第2卷阐述的基本理论。也就是说，既然性欲是所有欲望中的最强烈者，是愿望中的愿望，是我们所有意愿的浓缩和集中；据此，那性欲的满足如果精确地符合一个人的个人愿望，因而目标指向某一确定的个体，那就是他的快乐的顶点，也就是他的自然追求的最终目标；随着这一目标的达到，一切目标也就似乎达到了，而这一目标错失了的话，那一切也就似乎都错失了——那么，我们就会发现，作为这些生理学上的对应物，在客体化了的意欲，亦即在人的机体里面，精子就是分泌物中的分泌物，是一切汁液中的精华，是一切机体功能的最终结果，并在此又多了一道证据：身体就只是意欲的客体性，亦即只是在表象形式之下的意欲本身。

与生育相连的是对幼小后代的抚养，与性欲相连的是父母亲的爱。种属的生命也以此而延续下去。与此相应，动物对其幼崽的爱，就如性的冲动一样，其力度远远超出那些仅只是以自己个体为目标的追求。这表现在这些方面：就算是最温柔的动物，为了其幼崽的缘故，也会投入实力极为悬殊的生死搏斗；在几乎所有的动物种属中，母亲都会为了保护其幼崽而迎向种种危险，在不少情形里，甚至迎向确定的死亡。在人那里，这种本能的父母之爱会得到理性的，亦即反省思考的指导和帮助，但有时候却因此而受到妨碍，如碰上人性卑劣者，那可以走到完全否定这种爱的地步。所以，我们在动物那里可以至为纯净地观察着父母之爱所发挥的作用。就这种爱本身而言，在人那里并没有丝毫的逊色；在此，我们也看到在个别的情况下，父母之爱会完全压倒了对己之爱，甚至会发展至牺牲自己的生命。例如，法国的报纸刚好报道了：在洛特省卡奥尔，一个父亲自己结束了生命，目的就是让其已经抽了签要上战场的儿子成了一个寡妇的长子，并以此身份得以免除这兵役（1843年6月22日《加利尼亚尼信使报》）。但在动物那里，由于动物没有思考的能力，那本能的母爱（雄性动物通常都不知晓自己就是父亲）就直接和不受歪曲地、因此更加清楚地展现其全部力度。从根本上，母爱就是动物意识的这一表达：它的真正本质更直接地存在于种属，而不是个体，因此，在需要的时候就会贡献出自己的生命，好让种属在幼崽那里得到维持。所以，母爱一如性爱：在这两种情形里，生存意欲在某种程度上是超验的，因为那为个体所固有的意识超越了个体，扩展到了种属。为了把种属生命的这第二种外现不仅仅抽象地说出来，而且让读者能够具体地想象到其完整、真实的外现，我想举几个例子以说明本能母爱的超常力度。

海獭在受到追捕时，会抓着其幼崽潜入水下。在它们为了呼吸而浮出水面时，会以身体护住其幼崽，并在其逃跑时，以身体拦住猎者的箭矢。人们会猎获一头幼鲸，目的只是要诱捕其母亲，因为幼崽的母亲会匆忙赶来，并且只要幼崽还活着，就很少会离去，尽管自己已经身中多支捕鲸叉（斯科斯比日记中的《以此捕鲸旅行》，克里斯翻译，第196页）。在新西兰附近的三国王岛，生活着一些名为"海象"的巨形海豹类动物。它们以有序的队形环岛巡游，以鱼类为食。但在水下却有着某些我们所不知道的凶狠敌手，海象经常受到其重创。所以，海象的集体巡游需要某种独特的策略。雌性海象就在海岸边产崽，然后，在其哺乳幼崽的时候——而这会持续 7 到 8 个星期之久——所有的雄性海象就组成一个圆圈围着它们，以防止它们受饥饿所迫而进入海里。一旦它们尝试这样做，雄性海象就咬它们以示禁止。这样，那所有的海象就都一块忍饥挨饿 7 到 8 个星期，会变得非常消瘦，那都只是为了不让年幼海象在学会游泳和遵守巡游的策略之前游进海里。而那些技巧和规矩，是它们在遭受一番撞击和啃咬以后学到的（菲欣纳，《澳大利亚游记》，1826）。在此也展示了父母之爱，就像意欲的每一种强力追求（参见第 19 章，6）一样，都能提升智力。野鸭、篱雀和许多其他鸟儿在猎人靠近它们的鸟巢的时候会飞起来，在猎人面前大声鸣叫，来回、反复地拍打着翅膀，就好像翅膀受伤了一样，目的就是要把猎者的注意力从幼崽那里吸引到它们自己的身上。云雀会用牺牲自己的办法把狗从其鸟巢引开。以同样的方式，雌鹿和雌狍会吸引敌人追猎自己，好让它们的孩子免受攻击。燕子会飞进燃烧的屋子以救出它们的雏儿，或者与它们同归于尽。在代尔夫特的一场猛烈火灾中，一只鹳子为了不抛弃自己那还不会飞的雏儿，就留在巢里被烧死了（朱尼厄斯，《荷兰见闻》）。雄松鸡和丘鹬在孵蛋时会乖乖就擒。鹟科会非常勇敢地保护自己的巢窝，与雕鹰殊死搏斗。一只蚂蚁已被切成两段了，但人们还可看到蚂蚁的上半段仍要把那蛹放置稳妥。一只母犬的幼崽被人们剖腹取出，垂死中的母犬爬过去，爱舔着幼崽——直到幼崽被拿走时才开始激烈地哀鸣（伯尔达哈，《作为经验科学的生理学》，第 2、3 卷）。

论女人

362

在我看来，与席勒那字斟句酌、对仗工整的《女性的价值》一诗相比，约伊的这寥寥数语，却更道出了对女性的真实赞誉：

如果没有了女人，那我们在人生的开始就失去了安全；在人生的中期就失去了快感；在人生的结尾就失去了安慰。

拜伦以更感伤的笔触，在《沙尔丹那帕勒之死》第 1 幕第 2 景中写道：

人生之初，始于女人的怀中；
你最初的稚语，从她的嘴里学习；
你最初的眼泪，她给你抹去；
而当随从们厌倦了侍候，
那曾经引领着他们的人，

他临终的叹息，则经常是诉予一个女人的耳里。

上述两位作者都表达了对女人价值的准确看法。

363

只要看看女人的形体就可知道：这样的形体并非为了要成就一番伟大的事情而设计——无论在精神思想还是在身体力气方面。女人偿还其生命的罪责，其方式不是做事和有所成就，而是受苦，是生产孩子的痛楚、照料孩子的忧心，还有就是对丈夫的服从。对她的丈夫，女人应该是个耐心的、让人愉快的伴侣。最强烈的痛苦快乐以及力量展现，与女性无缘。女人的一生与男人的一生相比较，过得更加的平静、更加的没有意义和更加的悄无声息；从根本上不会更加的幸福，也不会更加的不幸。

364

女人很适合做我们孩提时的保姆和幼师之类，正正因为她们本身就是幼稚的、可笑的和短视的，一句话，女人的整个一生就是个大孩子而已，也就是说，处于小孩与男人之间的阶段。而成年男人则是真正的人。我们只需看看：姑娘可以与小孩嬉闹、跳舞、唱歌玩上一整天，然后再想想：如果换上是个男子，那这男子又会是何种样子——哪怕这男子本着最大的善意勉力而为！

365

对于年轻女孩们，大自然特意让她们拥有某种类似于戏剧学意义上的"瞬间一现"的舞台效果，因为大自然在短短的几年间给她们配备了太多的妩媚、丰满和美丽——虽然她们必须在余下一生为此付出代价。这样，她们也就可以在那几年里，尽量地吸引住男人的想象，让男人们神魂颠倒，身不由己地把照顾她们余下一生的烦心事诚实正直地接受下来。要让男人们走到这一步，单凭纯粹的理智思考看来是难以保证成事的。因此，大自然就以对待其所有作品的同样方式，把女人们装备起来，以让她们能有所需的武器和手段以确保其生存，并且在她们最需要这些武器装备的时候。大自然在这方面的行事是一贯吝啬的。正如母蚂蚁在交配以后就会失去其翅膀——因为翅膀从此以后就成了多余的，翅膀对于孵化幼蚁来说甚至是危险的——同样，女人在生产了一胎或两胎以后，一般就会失去其美丽。这大概是出于同一个原因。

与此相吻合，年轻姑娘们在心里都把家务或者职业、事业视为次等重要的事情，甚至当成只是娱乐，因为她们把爱情，把征服男人视为唯一认真的事情。与此认真的事情相关的，还有穿衣、打扮、跳舞，等等。

366

　　一样东西越高贵越完美，那它就越迟越慢达致成熟。男人很少28岁以前就在理智和精神力方面达致成熟；而女人则18岁就成熟了。但女人的理性却因此捉襟见肘。所以，女性终其一生都是个孩子，总是只看到距离最近的东西，纠缠着现时此刻，把事物的表面现象视为事物本身，着重渺小的琐事而忽略了最重要的大事。也就是说，由于有了理性，我们并不像动物一样仅仅只是活在现时，而是也遥想过去，筹谋未来。由此，就有了人的远虑、筹划和不时的忧心。所有这些所带来的不论是好处还是坏处，女人都因其理性薄弱而不曾承受了多少。女人更是个思想上的短视者，因为她们那直觉性的理解力让她们锐利地看到了近在眼前的事物，但那些远处的东西，却不会进入她们狭隘的视野。因此，所有不在眼前的、所有过去的和将来的东西，对女人所发挥的作用都远远弱于对男性。正因为这样，才会产生了女人所更常有的、有时候几近某种疯狂的奢侈倾向。女人们从心里认为：男人的使命就是赚钱，而她们则是花钱。尽可能的话，在男人生前她们就是这样做的；在男人死后就更是这样了。男人把挣来的钱交给她们以维持家用，就已经让她们更坚信这一点了。所有这些虽然给女人带来了诸多不利，但却也给她们带来了这一好处：那就是女性比我们男性更多地活在当下此刻。因此，只要当下此刻还可以忍受的话，那女性就会比男性更好地享受生活。女性所特有的那种开朗也就由此而来。这一女性的特质，使她们很适合提升男性的心情，并且在需要的时候，能给饱受忧患的男性以慰藉。

在困境之中或在处理棘手事情时，征求一下女人的意见，就像古日耳曼人所做的那样，并不就是不可取的，因为女人对事情的理解方式与我们完全不同；她们的看法甚至别具一格，因为女人喜欢走最捷的途径以达到目的。总的来说，女人的眼睛只看到距离最近的东西。而男人则正因为这些东西近在眼前，所以眼光通常就会越过这些东西而盯在了远处。这样的话，就有必要让男人收回眼光以看清楚近在眼前的和简单的事情。还有就是，因为女人绝对比我们更实际和实事求是，所以，女人眼中所看到的也就是实际的情形，而不会更多。但男人在激情被刺激起来之际，轻易就放大眼前所见，或者添加想象出来的东西。

出于同样的原因，我们可以推论：与男人相比，女人对不幸的人或事，怀有更多的同情心和因此有着更多的关爱和感同身受。但在正义、公正、良心方面，女人却逊色于男人。这是因为女人的理性比较薄弱，所以，现时的、直观可见的、直接的现实之物，对女性的影响是强而有力的。对此，那些抽象的概念、既定的准则、下定了的决心、那对过去和将来，以及对并不在眼前的、还很遥远事情的考虑，甚少能够足以抗衡。所以，女人所具备的美德，就是排第一位的美德，亦即"仁爱"；但对于排在第二位的美德、对于"仁爱"通常是必不可少的工具，亦即对于"公正"，她们却是欠缺的。在这方面，我们可以把女人比作这样一种生物体：虽然具备了肝脏，但却没有胆囊。我建议读者阅读我的《论道德的基础》第 17 节。所以，我们可以发现：女人性格中的根本弱点就是欠缺公正。这一弱点首要是出自上述的欠缺理性和反省；然后，这一缺点也由于以下这一原因而得到了加强：女人，作为弱者，其自然本性决定了她们并没有力量可倚，而只能运用狡诈，所以，女人有着本能的狡猾和那无法根除的说谎倾向。这是因为，正如大自然为狮子配备了利爪和尖齿，大象配备了长牙，野猪配备了獠牙，公牛配备了尖角，乌贼鱼则能喷墨把水搅混，同样，大自然为女人配备了作假的本领以自我保护。大自然虽然赋予了男性以身体力量和理性，但也同时以同样的力度给予了女人作假的天赋。所以，作假、伪装之于女性是与生俱来的。也正因此，女人几乎不论贤愚，都特有这一本领。因此，一有机会就发挥这一所长，对她们来说就是最自然不过的，这就好比动物在生命受到威胁时，马上就会动用其武器一样。女性们把运用狡诈，在某种程度上视为行使自己的正当权力呢。所以，一个完全真实、不带伪装的女人，也许是不可能的。也正因此，女人很容易就能看穿别人的伪装，所以，对女人用上这些招数并不可取。从上述女人的根本弱点及其附带素质，产生出了虚伪、无信、忘恩、负义，等等。女人更经常地做假证。是否可以让她们出庭宣誓作证，是值得提出疑问的。不管在何处，都不时地发生这样的事情：有钱的贵妇人，其实什么都不缺，但却在商店里悄悄夹带、偷窃某样物品。

年轻、强壮和俊美的男子，其天然的使命就是完成人类繁殖的任务，目的就是人类种族不至于退化。这其中就是大自然的坚强意欲，而这些男子对女人的激情，就是此意欲的表达。在男子们年富力强的时候，这一法则是优先于所有其他法则的。因此，如果有哪些人把权利和利益什么的置于这一法则之前，那这些人可就倒霉了，因为不管这些人说些什么和做些什么，一有机会，什么权利啊利益的，都会被无情地粉碎。这是因为女人那秘密的、不曾说出口的、并且的确是不曾意识到的、但却是与生俱来的道德诫命，就是："有人误以为勉强照顾了我们这些个体的生活，就因此拥有了对种族的权利。我们欺骗这些人是有着正当理由的。种族的构成和因此种族的福祉，交到了我们的手里，由我们小心掌握，因为下一代是经由我们生产。我们要认真地行使这一权利。"但女人们完全不是在抽象中，而是在具体中意识到这一最高的基本法则，并且对此法则的表达，不外就是在机会来临的时候，女人们所表现出来的行为。在此，她们的良心不安并不如我们所想的那种程度，因为在女人的内心最黑暗深处，她们意识到对某一个体的不守信用，只是为了更好地履行对种族的责任而已，而种族的权利则比个体的要大得多。对此更详细的讨论，参见《作为意欲和表象的世界》第2卷第44章"论性爱"。

因为从根本上，女人只是完全为了繁殖后代而存在，她们的任务就是如此，所以，女人无一例外地活在种族、而不是活在个体之中：女人对种族的事情比对个体的事情更上心。这让女人的整个本质和活动都带有某种轻率、肤浅和鲁莽的特性，以及某种与男性从根本上不一样的方向。而婚姻当中那男女间已是习以为常的分歧和矛盾，也就由此产生。

368

男人与男人之间，天生的只是漠然；但女人与女人之间，天生就已经是敌意了。这无疑是因为"同行如敌国"的缘故。在男人之间，这种"同行"竞争就局限在他们各自的行业；但女人与女人之间这种"同行"竞争，却包括了全部的女性——因为所有的女性也就仅有一种职业而已。两个女人在大街上甫一相遇，就已经有了相煎的态势。同样，两个女人在初次认识的时候，与两个男性在同样情形下相比，彼此间明显表现出更多不自然，更多硬做出来的、虚假的举止。因此，两个女人之间的相互恭维和赞扬与两个男性间相比，显得更加的可笑。更有甚者，一个男的，就算是对比他地位低很多的人说话，一般都总是带有某种程度的体谅和人性。相比之下，一个贵妇人对地位更低（但并非其下人）的人打交道时，所惯常的颐指气使、趾高气扬，却让人难以容忍。这应该是因为对女人来说等级和地位的差别，比起我们男人来更加的不稳定；并且会更容易和更快地改变和失去。对我们男人来说，有很多东西可供放进天平里；但对女人而言，则只有一样东西具有决定性的分量，那就是她们取悦的是哪一个男人。也正因此，由于她们职业的单一性，女人们彼此会比男人更紧密地抱团。所以，她们会特别强调地位之间的差别。

369

把身材发育低矮、肩膀狭窄、腿部短小的女性称为美丽，那就只有已被性欲蒙蔽了头脑的男人才会做得出来；也就是说，女性的全部美丽全都是因为男人的性欲。其实，我们更有理由称女性为没有美感。不管音乐还是诗歌，还是造型艺术，女性都不会真正地理解，也不会有真切地感应；如果她们装出一副了解和欣赏的样子的话，那只是纯粹为了要取悦他人而装模作样。所以，她们没有能力对任何事情怀有纯粹客观的兴趣。我认为个中原因如下。男性对一切事物都想直接控制，其手段要么是通过明白这些事物，要么是通过制服它们。但女性却总是身不由己地去争取纯粹只是间接的控制，也就是说，只是通过男性来获得这一控制，因为只有男性才对事物有一直接的控制。所以，对女性的本性来说，一切都只是手段而已——都只是赢取男人的手段。女人对所有其他事物的兴趣，永远只是假装出来的，只是一种迂回而已，亦即都是流于卖弄风情和附庸风雅。因此，卢梭早已说过：

女性总的来说并不喜爱任何艺术，不了解任何艺术，也没有任何这方面的天才。

——致达朗伯的信，注释 20

任何能够看透表面现象的人，都应该注意到了这一点。我们只需观察女人在音乐会、歌剧和戏剧演出时注意的方向和特性。例如，就在台上念着最伟大的杰作里最优美的段落时，她们却是小孩子般无拘无束，叽叽喳喳个不停。因此，如果希腊人真的不允许女性观看戏剧，那他们是做对了；这样人们起码在剧场时能听到点点台词。当今，应该在"妇女在会中要闭口不言"[1]之外，再补充"妇女在剧场要闭口不言"这样一条才合适，或者以后者取代前者，然后把这写成大字，挂在剧场的幕布之上。我们不能期待女性还能做出什么别样的事情，因为我们可以想一想：从来没有哪一位真正头脑出色的女性，在优美艺术的领域，创造过一件真正的、原创的、伟大的作品，或者总的来说，从来不曾为这世上带来某一具有永恒价值的作品。这一点在绘画方面尤其显眼，因为绘画的技法起码既适合男性也适合女性。因此，女性在绘画方面也同样勤奋努力，但女性却哪怕是一件伟大的绘画作品都拿不出来。这正正是因为女性缺乏客观的头脑，而客观的头脑思想在绘画艺术中可是一个最直接的要求。女性无论何时何地，都是处于主观之中。与此事实相应，一般的女性对绘画并没有真正的感受力，因为"大自然并不会跳跃发展"。同样，华特在享誉了三百年的名著《对天才的考察》一书里，也否认女性具有任何一种高级的能力。[2]

---

[1] 参见《哥林多前书》，14：34。——译者注

[2] 在这本书的"前言"里（第6页），华特写道，"女性头脑里面的自然构成，决定了女性不会有很高的天才和学问"；还有第382页，"只要女性保持其天性，那各种文学和各种知识，对她们的头脑而言都是讨厌的"；在第397和398页，"女性（由于其性别的冷和湿）无法做到思想深刻；我们只看到女人们貌似灵活地谈论琐碎、轻松的事情"，等等。

个别和零碎的例外并不会改变总体的情形，但女性总的来说确实是，并且始终是彻头彻尾和不可救药的菲利斯丁人，因此，由于得益于那极其荒谬的安排，女性得以分享男性的头衔和地位，女人就总是驱使男人追逐那些并不高尚的野心。更有甚者，由于女性那同样的自身素质，女人在当今的社交聚会中的把持和定调，也败坏了现代社会的交往。至于前者，我们应该把拿破仑的这些话奉为规范，"女人是没有地位的"。此外，尚福尔也说得很对：

　　女人本就是与我们的弱点、我们的愚蠢沆瀣一气，而不是与我们的理性相呼应。男人与女人之间，只是表面上的同声相应，甚少有精神上、心灵上和性格上的共鸣。

女人就是第二性（sexussequior），亦即在每一方面都低劣一些的第二性。因此，对待女性的种种弱点，我们应施予怜悯，但要我们太过尊崇女性，却是可笑的，并且会把我们在其心目中降格。大自然在把男女分成各一半的时候，可不是恰恰在他们的中间划线的。所有的正负极中，正极与负极之间的差别并不只是质量上的，而且同时还是数量上的。古人和东方民族正是这样看视女人的，并因此更清楚女人所应有的合适位置，而我们则有着那旧法兰西的骑士风尚，还有对女性的那种荒谬的崇拜——这正是基督教日耳曼人愚蠢的恶果。女人就这样被宠惯得更加的傲慢和肆无忌惮。这不时会让我们想到贝那勒斯的神猴：那些神猴意识到享有的神性和不受侵犯以后，就为所欲为了。

西方的女人，尤其是被称为"贵夫人"的女人，是处于某种名实不符的位置（fausse position），因为被古人名为第二性的女性，一点都不适合成为我们崇拜的尊贵对象，一点都不适合把头抬得比男人高，得到与男人一样的权利。女性的这一名实不符所带来的后果，我们已经看到足够多了。因此，如果在欧洲，为人类的第二性重新指定其合乎自然的位置，终结那些"贵妇人"一类的胡闹，那就好了，因为对"贵妇人"一类的胡闹，不光是整个亚洲，甚至希腊人和罗马人，都会予以嘲笑。这样的话，无论在社会的、市民的还是政治的方面，都会带来无数的好处。撒利安法规就会成为多余不需要的东西了。所谓的欧洲的"贵妇人"，是本来就不应该有的东西。我们应该有的是家庭主妇，是想要成为家庭主妇的女孩。因此，这些女性就不至于学会傲慢自大，而是接受培养成为持家有道、谦恭待人的人。正因为在欧洲有着这些贵妇人的存在，所以，那些低下阶层的女性，亦即女性中的绝大多数，与东方的女性相比，处境更加的不幸。甚至拜伦也说了：

　　想到了在古希腊时期的女人的状况——那可是相当适宜的；而现在女性的状况呢，则只是骑士和封建时代野蛮的残余，造作、有失自然。女性们应该关注和照料家庭，应该吃得好穿得暖，但不应该混进社交中去。女性们也应该受到好的教育——在宗教方面；但不要阅读诗歌啊政治的，除了阅读有关虔诚孝敬和烹饪的书籍以外，不要阅读其他的东西。音乐、绘画、舞蹈，不时也从事点园艺和耕种。我在伊庇奴斯就看到女人修路修得很好。或者做些翻晒干草和挤奶工作，也没问题嘛。

——《托马斯·莫尔信札》，第 2 卷，第 399 页

370

在我们一夫一妻制的欧洲大陆，结婚就意味着削减一半我们的权利和增加一倍的义务。但如果法律同意给予女性那与男性一样的权利的话，那法律也应该赋予女性那男性的理智功能才是。法律赋予女人越多的权利和荣誉——这些都超出了自然的比例——那就越是减少了本来真正享有这些好处的女性数目；并且在给予那些女性更多权利的同时，却相应同样多地剥夺了所有其他女性的自然权利。这是因为由于一夫一妻婚姻制及与之相关的婚姻法律，违反自然地给予了女性有利的地位，完全彻底地把女性视为与男性平起平坐的人，而女人却又无论在哪一方面都并不如此[1]——由于这一缘故，那聪明和小心谨慎的男性，在要做出如此大的牺牲、在签下如此不平等契约之前，就会踌躇再三。[2]因此，在一夫多妻制的国家或民族

---

[1] 欧洲的婚姻法律把女人视为与男人同等，是出自并不正确的前提。

[2] 后来的版本增加了注释。内容是：但数目大得多的男人却处于无法结婚的境地。每个这样的男人就制造出一个老处女，而这老处女通常都是没有得到保障，并且不管怎么样，因为没有完成自己性别的真正使命而或多或少的不快乐。在另一方面，不少男人的妻子，在结婚后很快就患上持续 30 年的慢性病。那这些男人应该怎么办呢？还有就是妻子变老了，再就是这男人的确很憎恨他的妻子。所有这些男人在欧洲都不可以再娶第二个妻子，并不像在全亚洲和非洲那样。在这样的一妻制安排之下，一个健康、强壮的男人要满足其性欲，就总是……"但这些太琐细了，人人都知道。"——译者注

里，每个女人都找到了保障，但在一夫一妻制的地方，已婚女人的数目是有限的。而无数无依无靠的女人，如果属于上流阶层的话，那就过着没用的、老处女的煎熬日子。但下层阶级的女性，却不得不从事与其身体不相适应的重活，甚至成为妓女，过着既没有幸福，也没有尊严的生活——但这些妓女，在一夫一妻制的情况下却是满足男性需要的必需品，并因此成为被公众承认的职业，其特有的目的就是保护那些受命运垂青的女孩，亦即保护那些已经找到丈夫或者有希望找到丈夫的女孩，免遭男人的诱奸。仅在伦敦，就有八万多这样的女性。这些女性，除了是一夫一妻制的吃大亏者，除了是摆在一夫一妻制祭坛上的活人祭品以外，还能是别的吗？所有在此提到的那些处境恶劣的女性，就是为那些欧洲贵妇人，连同其自负、傲慢所不可避免地做出的抵债。因此，从女性整个群体出发考虑，一夫多妻制其实是一件真正的好事。在另一方面，从理智上看，如果一个人的妻子受着慢性病的折磨，或者他的妻子一直不孕，或者慢慢对于他变得过老了，那我们找不出理由不让此男人再娶第二个妻子。很多人皈依了摩门教，似乎正是因为摩门教废除了那有违自然的一夫一妻制。此外，给予女人有违自然的权利，那也就是把有违自然的义务加在了她们身上，而无法履行这些义务，却让女人感到不快乐。也就是说，不少男人出于财富或者地位方面的考虑，会认为结婚并非那么合算——除非这一婚姻连带着某一非常不错的条件。这样的话，这些男人就会希望以另外别的、能够确保这一女人及其子女有一安稳将来的条件，去获得他们意中的女人。但哪怕这些条件很公道很合理很适宜，这一女性也同意放弃了那些不合比例的权利——而这些权利唯独是婚姻给予她的——但这一女性仍然在某种程度上是不名誉的，并且会郁郁寡欢地活下去，因为婚姻是公民社会的基础，因为人性就是这样：我们过分看重他人的看法到了完全不合比例的程度。但如果这一女性对上述条件并不做出让步的话，那她就要么被迫嫁给她本人并不喜欢嫁的男人，要么就最终凋谢而成老处女，两种可能性都有，因为她要得到安置的期限是很短的。有鉴于一夫一妻制的这些方面，托马修斯那很有学识的论文《论妾》，是很值得我们阅读的，因为人们从这一著作可以看到：不管在哪个开化的民族，不管在任何时候，直到路德的改良运动为止，纳妾成为被允许的制度，并的确是在某种程度上，在法律上获得承认的、并没有附带不名誉成分的制度。路德的改良运动推倒了这一制度，因为推倒了纳妾制，那就是为教士婚姻寻找正当性的一种手段——在这方面，天主教党派并不敢落后于他人。

关于一夫多妻制，是没有什么可争论的：一夫多妻制应被视为到处都存在的事实，只是如何调控这一制度，才是需要解决的问题。这世上真有名副其实一夫一妻的人吗？我们所有人都起码在某一段时间，大多数情况下则总是以一夫多妻地生活。由于接下来的结果就是每个男人都需要多个女人，所以，没有什么比让他自愿或者应该说让他负起照顾多个女性的责任更公平和合理的了。这样，女性也就回到其正确的、自然的，亦即作为从属之人的位置。而贵妇人，那由欧洲文明和基督教—日耳曼人的愚蠢而诞生的怪物，以及她们那可笑的要求得到别人的尊崇就不再存在了。到时候就只有女人，但却没有不幸的女人，而现在欧洲全是这样的不幸女人。摩门教是对的。

在印度，女人从来不曾独立。根据《摩奴法典》第5章，V. 148，女性都由其父亲，或者丈夫，或者兄弟，或者儿子等看护和照料。当然，把寡妇与其死去的丈夫尸体一起火葬，是令人愤慨的习俗，但在丈夫死后，把丈夫勤勤恳恳苦干了一辈子而挣来的、满以为是要留给自己孩子的财产，与情人一道挥霍掉，却也同样是令人愤慨的事情。"幸福之人谨守中庸之道。"原初的母爱，在人与动物都是一样，都是纯粹发自本能。因此，在孩子身体的无助状态结束以后，母爱也就结束了。在那以后，取而代之的是建基于习惯和理智之上的爱。但这种爱很多时候却是缺席的，尤其是如果孩子的母亲并不曾爱过其父亲。父爱则是不一样的性质，也更经得起考验，因为父爱的基础是父亲在其孩子的身上，重又认出了自己的内在自身；父爱因此有其形而上的根源。

在世界上几乎所有的或新或旧的国家，甚至在西南非洲的霍屯督人当中[1]，继承财产的唯一只是男性后裔。也只有在欧洲，情况才出现了偏离，但在贵族却不是这样。男人们长年累月，经辛苦劳累而辛辛苦苦赚取的财产，到后来却落入女人的手中；而由于女人欠缺理性，这手上的财产要么短时间内被

---

[1] "在霍屯督人那里，一个父亲的所有财产都到了长子那里，或者到了同一家族的最近的男性那里。这些财产从来不会分开，也从来不会要女人继承这些财产。"夏尔·乔治·勒罗伊，《关于动物智力及其改良的可能性哲学通信》，新版，巴黎，1802，第298页。

挥霍净尽，要么就是白白浪费掉。这种不公平的做法既吓人又普遍。要避免这种事情，我们就必须限制女性继承遗产的权利。在我看来，最好的安排就是：对于要获得遗产的女性，不管是寡妇还是女儿，都应只是获得一份年金，一份经财物地产抵押所获得的、终身享有的年金，而不能遗传得到地产或者本金——除非她们没有任何男性后裔。赚取财产的是男人而不是女人，所以，女人既没有资格无条件占有这些财产，也没有能力去掌管这些财产。女人起码永远也不可以自由处置那继承过来的真正的财产，亦即资金、房子和地产等。她们永远需要某一监护人；所以，她们在任何情况下都不可以有对其子女的监护权。女人的虚荣心，就算不会比男人的强，但其糟糕之处就是女人的虚荣心是完全指向物质性的东西。也就是说，虚荣女人显摆的就是自己个人的美貌，其次就是耀眼的、华丽的、奢豪的衣饰或者排场。这解释了她们为何踏进社交场合就如鱼得水。所有这些，尤其是加上女性那薄弱的理智，都让女性倾向于挥霍。所以，一个古老作家说过，"女人天性就是奢侈的"（参见 S. 布隆克，《希腊诗歌格言》，诗，V. 115）。相比之下，男性的虚荣心，却经常是指向非物质性的优势，诸如智力、学问、勇气，等等。亚里士多德在《政治学》（B 2，9）里，阐明了斯巴达人如何由于给予女性太多，由于女人拥有财产的继承权，拥有嫁妆，拥有不受约束的自由而产生了诸多不利；而这又如何在很大程度上导致了斯巴达的灭亡。或许对于法国宫廷和政府的逐渐腐化——这导致了第一次法国革命，而随后的动乱都是这一革命的结果——法国自路易十三以来女人那日益壮大的影响也难辞其咎。不管怎么样，女性所占据的虚假地位——那贵妇人就是其明显症状——是我们社会环境的一个根本缺陷，而这一缺陷对各个方面发挥了不良影响。

女人由其天性决定了就是要服从他人的。这可以通过这一事实显示出来：每一个女人一旦处于与其本性相悖的完全独立自主的位置和处境，就会马上依附于某一个男人，受其指挥和控制。这是因为她需要一个先生、一个主人：她若年轻的话，那这男人就是她的情人；她若年老了的话，那就是听取其忏悔的神甫。

论面相

377

　　一个人的外在形象地反映了这个人的内在；一个人的面貌表达和揭示了这个人的整个本质——这一看法的先验性质和因此的可靠性，可以由此表现出来：对那些无论是因做了好事还是因做了坏事而出名的人，或者对那些有过很不一般作为的人，人们都普遍有着要亲眼看一看其人的热望；或者如果不能有机会一睹此人的话，那至少也很想从别人那里了解此人到底长了个什么样子。因此，一方面人们一听到那些名人可能要到某地就闻风而至，以一睹其真实模样；另一方面报纸、杂志记者等——尤其是英国的——则极尽详细、绘影绘色地描述那些名人；画家和铜板雕刻家也把名人的形象直观再现出来；到最后，则是达盖尔发明的照相法（其价值正因这里说的缘故而得到高度赏识），最完美地满足了人们的上述热望。同样，在日常生活当中，人们对所要与之打交道的人，都会留意其面相，在私下里试图通过观察其长相特征，以预先了解此人的道德和智力本质。但如果就像一些蠢人所误以为的那样：人的外在只是毫无意义的东西，因为灵魂是一回事，而身体又是另一回事，身体之于灵魂就犹如衣服之于穿着衣服的人，那就不会出现上述种种情形了。

而事实却恰恰相反，每个人的面相都是某些的象形文字，是当然可以让人读懂的象形文字，而这些象形文字的构成笔画，就现成地长在了我们的身上。一般来说，一个人的面貌比一个人的嘴巴甚至能够说出更多、也更有趣的信息，因为这个人的面貌就是囊括这个人的嘴巴所要说出的所有东西的大纲，是此人的一切思想和追求的独家标识。此外，一个人的嘴巴只是说出了此人的想法，但一个人的长相却说出了大自然的想法。所以，每个人都值得我们认真观察和琢磨——虽然并不是每个人都值得我们与之说话。那么，如果每一个人作为大自然的某一思想而值得观察的话，那最高等级的美，就更是这样了，因为这种美是大自然的某一更高的、更普遍的概念；是大自然关于种属的思想。怪不得这种美是那样有力地吸引住我们的目光。那是大自然的一个根本的、首要的思想，而个体则只是次要的思想，是补充而已。

每个人都心照不宣地认定这一原则：每个人就是他所看上去的样子。这一原则是对的，但困难就在于如何应用此原则。这一应用的能力，部分是与生俱来的，部分是从经验中获得的。但在这方面是学无止境的，甚至最熟练的阅人者也会有看走眼的时候。但是，不管费加罗怎么说，一个人的面相是不会撒谎的，真错了的话，那只是我们以为看到了一些其实并不存在的东西。当然，对一个人面相的解读，是一样很高和很难的艺术，其中的技巧原则，是永远不可以在抽象中学习得到的。首要的条件就是：我们必须以纯粹客观的眼光看视对象的面相——这可一点都不是容易的事情。也就是说，只要任何一点点的厌恶、好感，或者恐惧、希望，或者点点考虑到我们此刻将给此人造成何种印象——一句话，只要有某些主观的东西混杂其中，那这面相的象形文字就会混乱，就会失真。正如只有那不懂某一语言的人，才会听清这语言的音声——因为不然的话，音声的含义就会马上在意识中把音声排挤掉——同样，也只有那并不了解所观察对象的人，亦即并不曾已经通过多次见面，或者甚至与之有过交谈而习惯了其模样的人，才会看清此人的面相。据此，严格来说，人们也只有在首次看见一个人的面相时，才可以对其面相有一纯粹客观的印象，也才可以有了对其解读的可能性。正如气味只在其刚出现的时候才会影响我们，酒的味道也只在我们喝第一杯的时候才真正为我们领略，同样，一个人的容貌也只在我们首次见到它时才会给我们造成完全的印象。对于这所造成的印象，我们应该认真留意并记住；如果这些对于我们是很重要的人，那我们甚至要把此印象写下来——也就是说，如果我们自信对别人相貌的感觉的话。接下来的相识和交往，会抹去当初的第一印象。但以后的结果，会在将来证实当初的印象是真确的。

但是，在此我们也不想向自己隐瞒这一事实：在看到别人的第一眼时，通常都会感觉很不愉快。大多数的人，可都是毫无价值！除了一些漂亮、心肠好、聪明有思想的一些面孔以外，亦即除了一些绝无仅有的例子以外，每当看到一张新的面孔，我相信凡是感觉细腻的人，都会产生某种类似于惊恐的感觉，因为这张脸把令人不快的东西经过新的、让人吃惊的组合呈现给了我们。人们一般来说的确就是长着一副可怜相。甚至还有这样一些人：其脸上是那样一副天真赤裸裸的庸俗和情操低下的样子，再加上那动物般的、局促的智力印记，我们禁不住在想：长出这副模样的人，还怎么好意思外出见人呢？戴上一副面具遮丑，难道不会更好些吗？确实，有些面孔只需对其看上一眼，就会觉得受到了污染。所以，对那些有着优越条件可以避开众人，并从而完全摆脱见"新面孔"的痛苦感受的人，我们是无可指责的。对这事情给出某一形而上的解释的话，那我们必须考虑到：每个人的个性也正是这个人通过其生存本身应该加以改正和重塑的东西。但如果我们就只满足于心理学上的解释的话，那我们就得问自己：对于那些人，那些在其漫长一生中，在其内心除了那些渺小、低级和可怜的念头以外，除了那些平庸、自私、嫉妒、卑劣和阴险的愿望以外，还极少生发了其他东西的人，我们还能指望其会长着怎样的外貌？人的内在的所有这些东西，在其持续的时间里都在其脸上留下了显示。所有这些痕迹，由于随着时间那许许多多的重复而刻画了下来。因此，大多数人的模样初次乍一看，会让人惊骇，我们也只有慢慢才能习惯和适应，亦即慢慢对此脸容所造成的印象变麻木了，以至于这一容貌再也无法发挥作用。

正因为脸部固定的表情是经过漫长的形成过程，是经过面部无数次的、转瞬即逝的、独特的张弛而保留下来的，所以，聪明有思想的面容，也只能是逐渐形成的，甚至要到了老年才达到其高贵的表情；而这些人年轻时候的肖像却只是初露端倪。相比之下，我上述关于初次看到不少人的容貌会感觉惊恐，也与之前所说的互相吻合，亦即一张面孔也只是在初次见到时才会造成准确的、全面的印象。也就是说，要获得纯粹客观和不曾失真的第一印象的话，那我们就必须不能与这人发生任何的关联。事实上，如果可能的话，必须还不曾与之交谈。也就是说，每一次的交谈，都会在某种程度上让双方增进了友好，给双方引入了某种融洽的成分，一种双互间的、主观的关系——这样一来，就会影响到对对方面相的客观把握。再者，因为每个人都竭力要争取得到别人的敬重和友谊，所以，我们所要观察的对象，在谈话中会马上施展他已运用娴熟的各种装模作样的技巧，就会奉承我们，并以此贿赂我们，我们也很快对那当初第一眼就已经明白看出的东西，变得视而不见。因此，那说法"大多数的人，增进些了解就能赢得我们（的欢心）"，其实应该这样说才对："大多数的人，增进些了解以后就能迷惑我们。"但以后在糟糕、不愉快的事情发生时，那我们当初第一眼得出的判断通常就得到了证实，并最终嘲弄地一锤定音。但假如"增进些了解"就马上产生了敌意的话，那我们也同样没发现经过这"增进些了解"就"赢得我们"。这所谓"增进些了解就能赢得我们的欢心"的另一原因就是：在看上第一眼的时候，尽管一个人的面相就已经警告了我们，但一旦我们与之交谈，这人就不会仅仅表现出他自己的真实本质和性格，而且还表现出他所接受过的教育，亦即他不仅表现了他真正和与生俱来的自己，而且还表现了他从全人类的共同财产那拿来的东西：这个人所说的话中 3/4 并不属于他这个人，而来自他自身之外。这样，我们就会经常奇怪和吃惊：这样一个米诺多（希腊神话中半人半牛的怪物）一般的家伙，竟能随口而出如此人性的话语！但如果从"增进些了解"更进一步，更加的"增进了解"，那这人面相早已预告了的"兽性"，就会"精彩地显现"。因此，谁要是有敏锐阅人面相的天赋的话，那就必须重视此人在我们对其增进了解之前的、并因此是不曾失真的面相表达。这是因为一个人的面相直接说出的是这个人是什么，如果这面相欺骗了我们，那错不在这面相，而是错在我们。相比之下，一个人的话语，只是说出了这个人的所想，并且更多的时候说出的只是他学来的东西，或者只是他假装所想的东西。此外，我们与之交谈时，或者只是听见其与他人交谈的时候，我们不会考虑其面相，我们会无视这根本和直露的东西，而只会留意其说话时面部的动作和表情——而这些动作和表情却是说话者有意为之，目的就是向他人显现其好的一面而已。

那么，当有人把一个年轻人带到苏格拉底的面前，让他测试一下这年轻人的能力时，苏格拉底所说的"你说话吧，我看看你"却是对的（假设他所说的"看"，并非只是指"听"的意思），因为只有当一个人说话的时候，他脸上的特征，尤其是眼睛才会生动起来；而这个人的精神思想潜质和能力也会在此人的脸部和表情活动中留下印记。这样，我们才得以暂时评估这人的智力及其程度——而这正是苏格拉底的目的。但需要指出的是：首先，苏格拉底这一方法并不可以扩展至评估道德素质方面，因为道德素质潜藏更深；其次，在他人说话的时候，对他人的脸上特征的清晰活动，我们在客观上所获得的却在主观上失去了，因为由于他人在说话时马上与我们产生了个人的关系，并轻微地吸引或者迷惑了我们，让我们再也无法免于成见，就像上面所分析的。因此，从这最后的观点出发，更正确的做法应该是：

不要说话，这样我好看看你。

这是因为为了纯粹和客观地把握一个人的真正面相，那我们就必须在这个人孤身独处，在他完全放松自在的时候观察他。与他人的交流和交谈已经让他产生了某种反射——这通常都会让他表现得更好，因为这人通过那互动而活跃起来，并因此得到了提升。相比之下，当这人是单独和放松的，正沉浸于想法、感觉和情绪之中——只有在这时候才是完全的此人本身。这样的话，对其面相投向锐利的一眼，就可以一下子把此人的整个本质在大概上把握住了。这是因为此人的所有思想和奋斗的基本调子，都在其脸上留下了印记；这是关于此人要成为什么样的人的 arrêt irrévocable（法语，最终决议），也是当此人独处时才会完全感觉到的东西。

所以，面相术是认识人的一个主要手段，因为一个人的面相，在狭隘的意义上而言，是这个人的作假技巧唯一不全管用的地方，因为这作假，也就只是在脸部表情方面。正因此，我建议人们在某人独自一人、沉浸于自身、在人们还没跟他说话

188

的时候去观察他和认识他，这一方面是因为在这时候，我们眼前所看到的是纯粹和不含杂质的面相，因为一开始说话，脸部的活动和表情就进来了，此人也就开始应用其学来的虚假东西；另一方面则是因为个人之间的关系，哪怕这种个人之间的关系只是极其短暂，都会让我们产生偏见，并因此让我们的主观破坏了我们的判断。

我还需要说明的是，经由一个人的面相去发现一个人的头脑智力，会比发现这个人的道德性格容易许多。也就说，一个人的智力更多的朝向外在。智力不仅在一个人的脸上和表情活动中留下印记，而且还可以从这个人的走路，甚至从每一个细小的动作看得出来。我们或许仅从一个人的后面观察，就已经可以分辨出此人是个笨人还是个傻瓜，抑或是个有头脑思想的人。一个人每一个铅一样沉重的动作，都标示着这是个笨人；而一个傻瓜的每一个手势都显示出他的愚昧；而聪明才智和爱思考的人也以同样的方式表现出来。拉布吕耶尔的这些话，就是基于我这里所说的道理：

再没有什么比这道理更加的简单、更加的细腻和更加的微妙，那就是：我们的举止无一不暴露出我们；一个傻瓜，无论是进来、出去、坐下、起来，还是闭嘴不言或者站立不动，都是与一个聪明人的同样动作截然不同的。

——《论性格》，第 1 部，第 2 章

由此也可附带解释平庸者所具有的那种"可靠和快捷的直

觉"——根据爱尔维修（《论精神》）的说法，平庸者就以此认出并逃离那些有头脑思想的人。这桩事情本身却主要是因为：脑髓越是巨大越是发达，脊髓和神经与脑髓相比越是细薄，那智力就不仅越高，这人的四肢也可更随心所欲地灵活运动。因为四肢的活动是更直接和更明确地受脑髓的控制，所以，所有一切都毋宁说是受着一线的牵动——这样，在每一身体、肢体的运动中，这一运动的目的就精确、清晰地显现出来了。这里所说的也类似于这一事实，甚至与这一事实密切相关：某一类动物，在生物的等级阶梯中越处于高端，那这一类动物就越容易因身上的某一处地方受伤而致命。例如，我们可以看看无尾两栖类动物：正如它们的活动是那么的沉重、迟钝和缓慢，这些动物也是没有智慧的，但与此同时却有着异常顽强的生命力。所有这些可以由此得到解释：这些动物虽然并没有多少脑髓，但却有着非常粗厚的脊髓和神经。总的来说，走路和上肢的动作，首要是脑髓功能所致，因为外在肢体是通过脊髓神经，从脑髓那获取指示以指导肢体哪怕是最细微的活动。这也就是为何任意性的活动会让我们疲倦，而这疲倦与疼痛一样，其位子却在脑髓，而不是如我们错误以为的在肢体。因此，脑髓需要睡眠。而那些并非由脑髓所引发的活动，亦即有机体、心脏、肺部等的那些非任意的活动，则是持续进行而不知疲倦的。那么，既然一个人的脑袋在负责思维的同时也负责控制肢体，那这脑袋活动的特性就既会反映在一个人的思维里面，也反映在这个人的肢体活动里面。这样，根据这个人的构成，一个愚笨头脑的人，就会像一个人体模型般的走动和活动，而一个聪明有思想的人，他的每一个关节都会表现出这一点。但是，与一个人的手势和身体活动相比，一个人的面孔却更能让人看出此人的精神思想构成：这个人额头的形状和大小，脸上五官的张、弛和灵活活动，以及最重要的眼睛——从小而浑浊、无力呆滞的猪一样的眼神开始，逐级而上一直到最高一端的那闪亮、发光的天才人物的眼神。精明的眼神，哪怕是最敏锐的那种，也与天才的眼神有别，因为前者始终带有为意欲服务的烙印，而天才的眼神，却是摆脱了意欲的奴役（参见本书德文版第 64 页关于天才的表情的说法）。据此，那由斯科扎菲齐在《彼特拉克一生》中讲述的轶事，就是完全有可信性的。那轶事说的是以前有一次在维斯孔蒂的宫廷里，彼特拉克与许多的王公贵族在一起，盖拉索·维斯孔蒂要他那当时还只是小孩、长大后成了米兰公爵的儿子，在人群中挑出最有智慧的一位。男孩看了众人一会儿，然后就抓住彼特拉克的手，把他引至他父亲面前。所有在场的人都惊叹不已。大自然给其天之骄子打上了如此清晰的高贵的印记，以致一个小孩也能认得出来。因此，我想给我那些洞察敏锐的国人一个建议：如果他们想要把一个平庸的头脑，在长达 30 年的时间里，到处宣扬为一个伟大的思想家，那为此目的，就不要选择长着一副啤酒店老板面相的人——就像黑格尔那样，因为在这人的脸上，大自然以其最清晰明白的字体，写下了大自然已经写惯了的两个字："平庸"。

但至于人的道德层面、人的性格方面，那可是与人的智力层面并不一样。要在面相上看出人的道德素质却困难许多，因为这道德素质和性格，作为形而上的东西要深藏得多；虽然这也是与生物体有着联系，但却不如智力那样，与这生物体的某一特定的部分或者某一系统直接相关。此外，每个人通常都就会把自己相当得意的悟性和智力示之与人，一有机会就尽力显摆；但却绝少把自己的道德本性完全曝光。事实上，这些东西却被刻意隐藏起来——在这方面，人们已是熟能生巧。但是，一如上述，卑劣的念头和不堪的想法会慢慢在一个人的脸上，尤其在一个人的眼睛里留下痕迹。据此，从面相上判断的话，我们很容易就可保证某某人是永远也不会创作出一部不朽的著作的，但却的确不敢保证此人不会犯下某一重大的罪行。

论噪声

378

康德写过关于活力的论文，但我却想写篇关于活力的挽歌，因为人们如此极度频繁地运用活力于叩敲、捶拍和撞击，使我在一生中的每一天都遭受痛苦。当然，有人，事实上很多人会对此感到好笑，因为他们对噪声是没有感觉的，他们也正是对根据和理由，对思想，对诗歌和艺术没有感觉的人，一句话，对各种精神思想印象都是没有感觉的。这是他们的脑髓组织的韧黏特性和结实质地所致。但在几乎所有伟大的传记或者有关他们个人表达的报道里面，例如康德、歌德、利希滕贝格、约翰·保罗，我却发现这些人物抱怨噪声给思想者造成的苦痛。确实，假如在某些作者那里并没有这些抱怨的话，那只是因为文中的上下文并没有引到这话题上去而已。对这事情我是这样解释的：正如一块巨钻切成了碎块，那巨钻价值就只与那众多小碎钻的价值相等了；或者正如一个军队，如果被击溃了，成了散兵游勇，那就无法成事了，同样，一个伟大的思想家一旦被打断、扰乱、分散和打岔了思路，那所能做得就与常

193

人无异，因为这人的过人之处，其前提条件是这个人集中其全部的力量，就像集中所有的光线，在某一点、某一对象之上，而噪声的打扰就恰恰阻碍这事情的发生。所以，这就是为什么具有杰出头脑的人是如此厌恶打扰、打岔，尤其是通过噪声的那种暴力打扰，而其他的人并不特别介意这些东西。欧洲最明智和最有思想的国家甚至定下了"千万不要打断（或打扰）"，并名为第十一诫。但噪声却是所有打扰当中最不礼貌的，因为那打断了，甚至打碎了我们自己的思想。如果本来就没有什么可被打碎的话，那噪声就当然不会被人觉得有什么特别。有时候某一程度一般的和持续的噪声折磨了我好一会儿，而我对这噪声还没有清晰的意识，因为我对噪声所感觉到的，只是思维变得越来越困难，就正如脚部先感到了绊脚的东西，然后才知道那到底是什么。

那么，现在，从噪声的属递进到类，在城市能发出回响的巷子里，那些真正地狱般的鞭子抽打的噼啪声是我深恶痛绝的，那些噪声是最不负责任的和最可耻的，夺去了生活中的宁静和沉思。没有什么比容许那些鞭子的噼啪声更能清楚地表明人们的感觉呆滞和没有思想。感受到这些突然的、刺耳的、麻痹头脑的、剪断意识和谋杀思想的鞭击声，对每一个头脑中有着某些类似于思想的人必然是痛苦的。这样的噼啪声因此必然扰乱了很多人的思想活动，尽管其思想活动是比较低下的级别，但对思想家来说，这些噪声对其沉思默想造成如此的苦痛和破坏，就像行刑刀砍在了头与躯体之间。没有什么音声像这样如此尖利地切割头脑：我们头脑里面会马上感觉到了那鞭子尖，所作用就犹如含羞草受到了触碰，维持得也同样持久。我是尊重那高度神圣的功利性的，但我却无法明白为何运输一车沙子或者一车粪肥的家伙，却可以有这一特权，可以接连把千万人（在市区半个小时的路程中）的头脑中升起的思想扼杀在萌芽之中。锤子的敲打、狗的吠叫和小孩子的喧嚷是可怕的，但真正谋杀思想的只有鞭子的噼啪声。这噪声的使命，就是击碎每一个人都不时会有的美好、沉思的一刻。只有在驱赶役畜时，除了这至为让人恶心的噪声以外，就再没有别的手段了，那还情有可原。但事实却完全相反：这该被诅咒的鞭子声不仅是毫无必要，而且甚至是没有用处的。也就是说，通过抽出鞭子的声音以对马匹产生心理上的作用，由于不停的滥用而失去了，因为这让马匹习以为常了，对那鞭子声已经麻木了，并不会随着鞭子声而加快步伐。这种情形尤其可以见之于那些空载和在寻找顾客的马车：走着至为缓慢的步子，马车夫却一边不停地拍打出噼啪声，而用鞭子轻轻触碰一下会更有效果。但假设真的极有必要以鞭子声让马匹时刻记住马鞭的存在，那轻了百倍的声音就足以满足此需要，因为人们都知道动物会留意到至为轻微的、几乎察觉不到的信号，不管那是听觉上的还是视觉上的。受过训练的犬只和金丝雀都会给出让人吃惊的例子。所以，这整件事情表明就是纯粹恶意所致，并的确就是社会中以手劳作者对以头脑劳作者的大胆嘲弄。要忍受这都市中的无耻行为，那是极其野蛮和不公正的，尤其是这种行为是可以轻易制止的，只要警察规定在每一条鞭子的末梢需打上结子就行了。让无产者留意到在他们之上阶层的人的头脑劳作是无害的，因为他们对任何脑力劳动都有着极大的害怕。如果一个家伙驾着没载东西的驿马或者骑着瘦弱的老马，穿行在人多的城市窄巷中，或者在动物旁边走着，一边还不停地用尽身体力气抽打着很长的马鞭，应该马上拉他下来，让他接受结结实实的五下子杖棒。就这一点而言，这世上所有的善长仁翁，以及有着良好理由废除体罚的立法会议都无法让我改变看法。但人们还经常看到还有比这更恶劣的。有些赶车夫独自在大街上走着，也没有马匹在场，却不停地抽着马鞭，因为抽着鞭子对于这些人已成习惯，而这又是人们对此不负责任的宽容所致。人们普遍对肉体及其满足都悉心照料，那有思想的头脑就唯一永远得不到点点的照顾、保护，更别提尊重？赶车夫、搬运工、在街角等待散工的人，等等，是人类社会中的苦役牲口，他们应该得到人道的、公平的、正义的对待，对他们要宽容、体贴，但也不能允许他们制造恶意的噪声而妨碍人类的高级追求。我想知道有多少伟大和优美的思想已经被那些鞭子声抽出了这个世界。如果我要发布命令的话，那就要让马车夫在头脑中记住：抽打鞭子与挨一顿鞭子是须臾不离的一对。我们希望更有智力、感觉更细腻的国家也在这方面开个头，然后，德国人就有榜样可循。[1]与此同时，托马斯·胡德说：

对有音乐天赋的民族而言，他们是我所遇到过的最喧

---

[1] 根据慕尼黑动物保护联盟在1858年12月的一个公告，在纽伦堡，无谓的鞭打和鞭响是严格禁止的。

哗的。

他们之所以喧哗，并不是因为他们比别人更钟情于噪声，而是因为被迫要听到这些噪声的人，由于其呆滞的缘故而感受不到那些噪声。他们不会因那些噪声而被扰乱了思考或者阅读，因为他们本来就没在思考，而只是抽烟，而抽烟就是思想的代替品。普遍容忍毫无必要的噪声，例如，那极其不懂事和粗野的摔门进或摔门出，恰恰就是一个迹象，表明了人的头脑普遍呆滞和思想空虚。在德国，就好像是计划安排好了似的，就是要由于那噪声，例如，由于那漫无目的地胡乱击打，而让人们无法思考。

最后，与我这章所谈论的话题相关的文学，我只有一件作品可推荐的，但那是一件优美的作品，亦即由著名的画家布隆茨诺写的第三音韵的书信体诗文，题目是"论谣言，致卢卡·马提尼先生"。在这书信诗中，以一种悲喜剧的方式，详尽和相当幽默地描述了人们在一个意大利城市里所要忍受的各种各样的噪声的痛苦。人们可在据说是 1771 年在乌德勒支出版的《贝尔尼、阿雷蒂诺等滑稽文选》（第 2 卷，第 258 页）中找到。

图书在版编目(CIP)数据

叔本华文化散论/(德)叔本华
(Arthur Schopenhauer)著;韦启昌译. —上海:上
海人民出版社,2023
书名原文:Parerga Und Paralipomena
ISBN 978 - 7 - 208 - 16616 - 5

Ⅰ.①叔… Ⅱ.①叔… ②韦… Ⅲ.①叔本华(
Schopenhauer,Arthur 1788 - 1860)-文集 Ⅳ.
①B516.41 - 53

中国版本图书馆 CIP 数据核字(2020)第 136043 号

责任编辑 任俊萍
封面设计 南房间

叔本华文化散论
[德]叔本华 著
韦启昌 译

出　　版　上海人民出版社
　　　　　(201101　上海市闵行区号景路 159 弄 C 座)
发　　行　上海人民出版社发行中心
印　　刷　上海商务联西印刷有限公司
开　　本　635×965　1/16
印　　张　13
插　　页　2
字　　数　131,000
版　　次　2023 年 5 月第 1 版
印　　次　2023 年 5 月第 1 次印刷
ISBN 978 - 7 - 208 - 16616 - 5/B · 1490
定　　价　45.00 元

根据德国莱比锡 Insel 出版社
Sämmtliche Werke in fünf Bänden,
Band Ⅱ & Band Ⅳ 翻译